NACHSPIELZEIT

Marcel Reif

NACHSPIELZEIT

EIN LEBEN MIT DEM FUSSBALL

Mit Holger Gertz

Kiepenheuer & Witsch

MIX
Papier aus verantwortungsvollen Quellen
FSC® C083411
FSC
www.fsc.org
Verlag Kiepenheuer & Witsch, FSC® N001512

1. Auflage 2017

Umschlaggestaltung: Barbara Thoben, Köln
Umschlagmotiv: © Maurice Haas
Gesetzt aus der Minion und der Trade Gothic
Satz: Buch-Werkstatt GmbH, Bad Aibling
Druck und Bindung: CPI books GmbH, Leck
ISBN 978-3-462-05015-8

Inhalt

Vorwort

»Geschichten, die nur der Fußball schreibt«. Habe ich diese breitgetretene, abgestandene, eigentlich auf jeden Reporterindex gehörende Floskel auch gebraucht?

Ausschließen kann ich es nicht, die Versuchung gab es bestimmt mehr als ein Mal. Denn Geschichten hat mir der Fußball geliefert, viele. Kein Wunder, ich habe ungefähr 1500 Spiele kommentiert. Allerdings muss man diese Geschichten erst mal selbst sehen, erkennen, spüren und erzählen. Genau das habe ich ein ganzes Reporterleben lang versucht. Allerdings ist Kommentieren eine sehr luftige Kunst, kaum ausgesprochen, ist alles auch schon wieder verflogen. Und jetzt also aufschreiben … Als die Idee zu diesem Buch entstand, habe ich sehr bald und sehr bestimmt gemerkt, dass das nicht mein Metier ist.

Holger Gertz kenne ich schon ein paar Jahre, seine Arbeit noch länger: ein begnadeter Storyteller, Journalist im besten Sinne, Seite 3 bei der Süddeutschen Zeitung, mehr geht nicht. Mit Holger hatte ich schon ein paarmal für seine Zeitung an Geschichten gearbeitet. Jedes Mal, wenn ich sie dann schwarz auf weiß gedruckt las, hörte ich mein eigenes Echo: Rhythmus, Tenor, Tonfall, Nuancen, fast beängstigend. Mehr noch – aus meinen Versatzstücken, selten nur chronologisch oder gar strukturiert geliefert, hatte er das ganze Bild gesehen und nachgezeichnet. Immer wieder dachte ich: Genau so geht die Geschichte, genau so gehört sie erzählt. Nicht selten hat er mir überhaupt eröffnet, dass da eine ist. Er hat gefragt, präzisiert, zurechtgerückt. In drei Kapiteln des Buchs haben wir einfach unseren Dialog wiedergegeben. Da spüren Sie dann, wie gut wir uns verstanden haben und wie dieses Buch auf der Basis von Gesprächen entstanden ist, ein Buch, das ohne Holger nicht möglich gewesen wäre.

Ich selbst habe dabei nicht weniger als eine Ahnung davon bekommen, welche Bedeutung der Fußball in meinem Leben und für mein Leben hatte und unvermindert hat. »Ist am Ende nur Fußball« – das habe ich immer wieder gesagt, vielleicht, weil ich diesem wunderbaren Spiel der großen und kleinen Jungs nicht so ganz trauen, nicht *mehr* zutrauen mochte. Heute weiß ich es besser: Ohne Fußball hätte ich mein Leben nicht gelebt, wäre ich nicht der, der ich geworden bin. Es ist und bleibt eine große Liebe. Wehe, irgendwer oder irgendwas macht sie mir kaputt. In letzter Zeit ist aber immer öfter eine gewisse Furcht in mir hochgekrochen. Dass das viele Geld, der Gigantismus, die Gier sich irgendwann verbinden könnten zu einem tödlichen Gift für die weltweite Fußballbegeisterung. Und ich ertappe mich bei dem Gedanken: Wenn es so kommt, möchte ich das nicht mehr erleben.

Albert Camus hat gesagt: »Alles, was ich im Leben über Moral oder Verpflichtungen des Menschen gelernt habe, verdanke ich dem Fußball, verdanke ich meinem Klub.« Nicht wirklich kleine Münze.

Aber ich glaube Camus jedes Wort. Und so ist dieses Buch letztlich mein Buch, von mir für mich. Es erzählt meine Geschichten, die »nur« der Fußball schrieb.

Marcel Reif, im Dezember 2016

Legendenbildung

Begegnungen mit Spielern und Menschen

Meine Helden

Vielleicht erwarten manche von einem Buch wie diesem, dass darin Helden besungen werden. Held ist ein strapazierter Begriff, gerade wenn es um Sport geht, um Fußball. Und viele Menschen, die ich getroffen habe und von denen ich hier erzähle, sind irgendwann mal Held genannt worden, von Einzelnen und manchmal auch von der ganzen Welt: Beckenbauer. Maradona. Pelé. Cruyff. Magic Johnson. Joe Montana. Schau bei Google nach. Alles Helden.

Ich habe länger überlegt, wer warum ein Held für mich ist. Ich habe meine Kommentare und Berichte noch mal in Gedanken daraufhin abgehört, ob ich jemanden je Held genannt hätte. Es wird schwer werden, den Beweis zu führen, dass ich es nicht getan habe: TV-Sportreportagen und Fußballkommentare werden in der Regel nicht konserviert, es gibt kein Archiv, in dem man einfach so nachschauen könnte. Kommentieren ist eine flüchtige Kunst, du sagst was für den Moment, und danach verhallt es. Außer es fällt ein Tor um. Aber es ist selten, dass so etwas passiert.

Dass ich bewusst und in Vollbesitz meiner geistigen Kräfte mal jemanden Held genannt hätte? Mein Held? Ich kann mich nicht erinnern. Und ich fühle das auch nicht. Um einen Menschen Held nennen zu können, müsste ich schon sehr vor ihm in die Knie gehen. Helden sind Menschen, die Übermenschliches leisten. Aber was wäre denn das Übermenschliche, das auf einem Fußballplatz zu leisten wäre? Ich konnte selbst ganz ordentlich kicken, sodass ich auch bei den großen Champions-League-Spielen nicht stumm vor Überraschung oder Entsetzen war: Okay, das ist einer, der kann halt Dinge, die kann ich nicht und konnte ich nie. Respekt. Staunen. Anerkennung. Das war es, auf diese Begriffe könnte ich es bringen.

Franz Beckenbauer zum Beispiel war für mich kein Held. Lichtgestalt, Kaiser? Kauf ich alles. Aber nicht Held. Ich habe lange mit ihm bei *Premiere* und *Sky* zusammengearbeitet. Er war für mich eine Persönlichkeit, mit entsprechendem Charisma. Jemand, der viel geleistet hat, der dabei geerdet und menschlich geblieben ist. Und der vielleicht gerade bei der Vergabe der Weltmeisterschaft 2006 vergessen hat, was ihm vorher immer bewusst war: dass er nur ein kleiner Junge aus Obergiesing ist, mit einem Lebensglück, das niemand auf die Probe stellen sollte, nicht mal er. Ich will nicht kleinreden, was ans Licht gekommen ist, großartige Recherchen, Chapeau. Aber wenn ich sehe, wie schnell es geht, dass einer vom Helden zum Aussätzigen wird in der Sicht der Menschen, die über ihn reden – sorry, da schnürt es mir den Hals ab. Wenn ich Beckenbauer vor mir sehe, nach den Enthüllungen, und mich frage, wie ich mich jetzt mit ihm und seiner Geschichte fühle – dann merke ich: Ich kann nicht einfach drauflosblöken und mich entsetzen und entrüsten. Dafür habe ich selbst zu viel angestellt. Selbst an der falschen Stelle Hurra geschrien. Selbst Leute verletzt, enttäuscht. Und dafür bezahlt auch, mit Seelenqualen.

Um bei der Gelegenheit meine intellektuelle Belastbarkeit unter Beweis zu stellen: Gelobt sind die Zeiten, die keine Helden brauchen. Hat Brecht gesagt. Trotzdem gibt es diese Sehnsucht nach Helden. Und trotzdem fragen mich Journalistenkollegen, wenn sie mich nach Beckenbauer fragen, gerne nach meinem Verhältnis zum gefallenen Helden. Nur: Wenn ich einen gefallenen Helden beschreiben soll, muss ich ihm ja vorher ein Podest gebastelt und ihn als Held verstanden haben. Das war er nicht, für mich nicht. Das war nicht mal Co Prins damals in Kaiserslautern, der tief geliebte und verehrte Fußballer, der immer das Trikot über der Hose hängen hatte. Obwohl: Der war schon ziemlich kurz davor, mein Held zu sein. Aber ich war damals erst 14.

Ich bin in Waldenburg geboren, in Polen, heute heißt das *Wałbrzych*. Danach Umzug mit meiner Familie nach Warschau, dann nach Tel Aviv, dann nach Kaiserslautern. Ich war ein Kind. Warum wir von da nach da gezogen sind, habe ich mir erst danach erschlossen oder erschließen müssen. Zum Beispiel, dass in den Fünfzigern in Polen wieder Antisemiten unterwegs waren und meine Eltern eher gestern als morgen nach Israel gehen mussten. Und dann nach Deutschland. Warum? Weil mein Vater da die besten Chancen für sich und die Familie sah, wahrscheinlich. Mein Vater war Tuchhändler, ein feiner Herr, Geschäftsmann. Der bügelte seine Hemden selbst, weil meine Mutter das angeblich nicht gut genug konnte. Sie nannten ihn den schönen Leon.

Mein Vater hat nie von dem erzählt, was er im Krieg erlebt hat. Er war Jude, und er konnte sehr witzig sein, auch auf eine jüdische Art witzig. Ich erinnere mich an eine Autofahrt, die erste Ampel rot. Du hast gemerkt, wie es in ihm arbeitet. Zweite Ampel rot. Da kocht der schon. Dritte Ampel rot. Da fährt er einfach weiter, fährt über die Kreuzung. Ich sage: »Hast du einen Vogel?« Und er sagt: »Jede Ampel rot? Das ist Antisemitismus. Nicht schon wieder – nicht mit mir.«

Mein Vater konnte ironisch sein, sogar albern, aber er tauchte auch immer wieder in Depressionen ab. Man nannte das damals nicht so, man sagte: Der und der ist traurig vom Krieg. *Was* ihn traurig machte, erzählte er nicht. Was hätte gesagt werden müssen oder gesagt werden können, blieb ungesagt.

Im Alter wurde das nicht anders, er hatte allerdings

einen sehr eigenen Weg gefunden, sich den Diskussionen zu Hause zu entziehen. Mein Vater hatte ein Hörgerät, das hat er abgeschaltet, wenn ihn das Gerede langweilte. Er hatte sich aber offenbar Fähigkeiten in der Disziplin Lippenlesen angeeignet. Wenn er das Gefühl hatte, die Debatte entwickle sich in eine Richtung, die seine Expertise erfordert, drehte er das Ding wieder auf, das machte einen Höllenlärm, wie wenn man bei voller Lautstärke den Sender im Radio einstellt.

Ich glaube, er hat mit mir und meiner Schwester über die Zeit im Krieg nicht geredet, damit wir in Deutschland möglichst unvoreingenommen leben konnten. Das Land der Täter sollte uns nicht wie das Land der Täter vorkommen. Wir sollten nicht in jedem Postboten, der uns anknurrt, einen ehemaligen KZ-Aufseher sehen. Mein Vater hat geschwiegen, um es uns leichter zu machen.

Wenn das so war, fände ich das jedenfalls ziemlich heldenhaft. Aber weil wir darüber nicht geredet haben, bleibt das meine Interpretation, und sie ist nicht tausendprozentig wasserfest.

Grundsätzlich war die Geschichte meiner Familie eine große Wüstenei. Geraune, Versatzstücke. Meine Mutter, schlesische Katholikin, hatte in Kattowitz gelebt, während des Krieges wurde ihr Vater denunziert, er hatte Feindsender gehört. Da wurde er mitgenommen, auf der Straße haben sie ihn angehalten, und er kam nicht mehr nach Hause. Kam einfach nicht mehr. War weg. Und die

Eltern meines Vaters, seine jüngste Schwester? Wo waren die? Ich erinnere mich daran, dass ich meinen Vater irgendwann angeblafft habe, als er wieder seinen Durchhänger hatte und nicht erreichbar war: Er soll sich mal zusammenreißen, wenigstens für seinen Enkel. Da hat meine Mutter mich angeschaut und sehr bestimmt gesagt: »Du weißt ja gar nichts!« Ein kurzer Ausbruch. Sonst hat auch sie nichts erzählt. Sie war im Schweigen die Komplizin meines Vaters.

Selten wurde das Schweigen zu Hause auf die Probe gestellt. Ende der Siebziger kam die amerikanische Serie »Holocaust« im Fernsehen, mehrere Teile, wochenlang wurde über diese Serie in ganz Deutschland geredet, aber nicht bei uns. Das Schweigen hielt, das Schweigen war belastbar. Mein Vater schaltete den Fernseher aus, wenn Berichte von damals kamen, und ich habe das übernommen. Noch heute, wenn sie Schwarz-Weiß-Bilder aus Konzentrationslagern zeigen: Ich zappe weg. Ich kann es nicht ertragen.

So haben wir gelebt. Gegenwart und Zukunft – keine Vergangenheit.

Erst 2004 haben wir uns hingesetzt, wie das bestimmt viele Familien irgendwann tun, mein Vater war da schon zehn Jahre tot. Und ich hatte das Gefühl, dieses innere Stillschweigeabkommen, das er mit meiner Mutter geschlossen hatte, sei abgelaufen. Wir saßen zwei Tage, ich habe alles gefragt, das war dramatisch und schmerzhaft. Ich habe geheult, meine Mutter hat geheult, sie hat gezögert, neu angesetzt. Einerseits war sie mürbe, manchmal so wie Jack Nicholson in diesem Film *Eine Frage der Ehre.* »Die Wahrheit wollen sie wissen? Sie können die Wahrheit doch gar nicht ertragen.« Aber dann hat sie doch losgelassen, und sie erzählte. In einer dieser Geschichten ging es um die polnische Stadt Borysław, wo die Familie meines Vaters lebte. Irgendwann sagte sie: »Der Papa war ja in Borysław schon auf dem Weg ins Vernichtungslager. Und da hat ihn ein großer deutscher Mann, dieser Beitz, gerettet.« Ich habe die Tiefe der Geschichte damals gar nicht überrissen, und der Name Beitz war erst mal nur ein Name. Wichtig war: Mein Vater hatte überlebt.

Jahre später klingelt bei mir das Telefon, eine befreundete Verlagsmitarbeiterin ist dran. Während irgendeiner Plapperei hatte ich ihr gegenüber diesen »großen deutschen Mann« wohl mal erwähnt. »Marcel, ich glaube, ich habe was für dich.« Sie schickt mir die Druckfahnen eines neuen Buches, ein paar Stellen hat sie markiert. Ich lese da rein, und dann verdichtet sich alles. Die Erinnerung meiner Mutter, der Name des Retters, die Dramatik der Rettung. Ich lese, und mir wird unabänderlich und beyond any doubt klar: Das ist die Geschichte meines Vaters.

Die Passage: »So viele Jahre sind vergangen, seit ein 28-jähriger Industriekaufmann auf dem Bahnhof der kleinen polnischen Stadt Borysław gestanden und mit bewaffneten SS-Männern um das Leben vieler Menschen gerungen hatte, inmitten apokalyptischer Szenen aus Befehlsgeschrei, dem Gebell der Wachhunde, dem Weinen der Kinder, den verzweifelten Schreien der Menschen, die in Viehwagen deportiert wurden, fort in den Tod.«

So stand es in der Biografie von Berthold Beitz, dem *ThyssenKrupp*-Patriarchen. Er war der große deutsche Mann, von dem meine Mutter erzählt hatte. Bahnhof Borysław. Das Leben vieler Menschen. Keine Frage, der war es.

Beitz war im Krieg Leiter einer Raffinerie nahe Lemberg in der heutigen Ukraine, wo meine Familie herstammt. Mein Vater war ein junger Kerl, 18 Jahre. Der Zug, in dem er saß, hätte ihn in den Tod gefahren. Aber da war Beitz, er sagte: »Die fahren nicht weiter, ich brauche diese Leute für kriegswichtige Arbeit.« Hunderte Juden hat er auf diese Weise gerettet.

Ich habe das gelesen, und nachts habe ich mich dann hingesetzt und Beitz einen Brief geschrieben. Ob ich darin den Begriff Held benutzt habe? Ich habe jedenfalls geschrieben, dass ich ihn für eine Zierde der Menschheit halte. Drei Tage später ruft mich sein Büroleiter an: Herr Beitz würde sich sehr freuen, wenn ich in die Villa Hügel kommen könnte, er und seine Frau würden da geehrt, Staatspreis von Nordrhein-Westfalen.

Ich fahre dahin, großes Zeremoniell, irgendwann geht im Festsaal die Tür auf. Und wir reden hier von Türen. Nicht von Türchen. Beitz tritt ein und hat seine Frau am Arm. Ein Baum von einem Mann, schlank, perfekt angezogen. 98 Jahre alt. Ich stehe so an der Seite, da schleicht der Büroleiter ran und sagt: »Kommen Sie mit.« Und Beitz sieht mich, geht ein, zwei Schritte auf mich zu und sagt dann leise zu seiner Frau: »Ich kannte den Vater von dem Mann.« Er gibt mir die Hand, ich fange an, irgendwas zu stammeln, aber ich bringe nichts Vernünftiges raus. Da legt er mir die Hand auf die Schulter und sagt: »Es ist gut.«

Ich durfte dann am Tisch mit seinen Kindern sitzen, eine sehr schöne Feier, sein Arzt hat mit mir geredet. Ich habe ein, zwei Häppchen genommen, bin dann aber schnell wieder gefahren. Ich war erschlagen, von der Größe des Mannes und von der Größe des Moments. Die Begegnung mit einem Menschen, ohne den es einen selbst nicht geben würde.

Beitz ist mit 99 gestorben, auf Sylt. Er hatte da ein Ferienhaus, in Kampen. Es war im Sommer 2013, ich war da selbst auf Sylt, bei Freunden. Ich hatte mir noch überlegt, Beitz mal abzupassen auf einem seiner Spaziergänge. Ich wusste, dass er sich mit Spaziergängen fitmachen wollte für seinen hundertsten Geburtstag, ich hätte bestimmt rausgefunden, wo genau er geht. Aber das wäre mir übergriffig vorgekommen. Ich bin nicht der Typ, der sich den Leuten in den Weg stellt, ich konnte das nie.

Jedenfalls schaue ich mir gerade eine Ausstellung in Kampen an, da klingelt das Handy, ein Journalist von einer Zeitung ist dran: Herr Beitz ist gestorben, auf Sylt.

»Ich bin selbst gerade auf Sylt«, sage ich, und dann ist das Gespräch schnell vorbei.

Beitz' Frau hat im Krieg jüdische Kinder versteckt, er hat Juden das Leben gerettet. Die haben beide alles dafür getan aufzufliegen. Ein Wink, ein Hinweis, ein Zungenschlag, dann wären die Nazis gekommen und hätten gesagt: Es ist genug jetzt, wir wissen, was Sie hier treiben. Und sie hätten ihn am höchsten Baum aufgehängt.

Weil es um Helden geht: Das ist für mich Heldentum. Wenn jemand – wissend, dass ihn das sein Leben kosten kann – sich so für das Leben von anderen einsetzt.

Ich will nicht sagen, dass ich die Geschichte meiner Familie bei jedem Stadionbesuch im Hinterkopf gehabt hätte, aber in der Unterströmung trägst du sie immer mit dir, und es ist dir nicht immer bewusst, dass sie deinen Blick auf die Welt verändert, aber sie verändert deinen Blick auf die Welt.

Mein Vater, mein stiller Vater. Und Berthold Beitz. In Relation zu denen dann auch noch auf dem Fußballplatz Helden finden zu sollen, das ist ein bisschen viel verlangt.

Maradona hinter Mauern

Alles fing an bei meiner ersten Weltmeisterschaft in Mexiko 1986, Diego Maradona war schon groß und wurde dann noch größer durch die zwei Tore gegen England: das schönste aller Zeiten, wo er von der Mittellinie startet und dreiunddreißig Männern Knoten in die Beine spielt, gordische Knoten, die auch nach dem Schlusspfiff nicht mehr zu entwirren sind. Und das andere, das war ja in Wahrheit nicht er, sondern Gott. Mit der Hand.

1986 war ich zwar auch schon gelegentlich Kommentator, aber vor allem war ich noch der, der die braven Filme macht, Vorberichte fürs *ZDF*. Fahr doch mal zu den Argentiniern und sieh zu, dass du ein Interview mit Maradona kriegst. Ich sage: »Ihr habt sie nicht alle, ein Interview mit Maradona. Der gibt kein Interview, und schon gar nicht irgendeinem deutschen Kasper.« Trotzdem, ein Versuch. Nach dem Training wird er von seinen PR-Leuten noch mal auf den Platz geschleppt, wo die Weltpresse auf ihn wartet. 1986 war alles noch überschaubarer als heute, aber bei Maradona war schon damals nichts mehr überschaubar. Die Leute stehen sich auf den Füßen, Mikrofone, Kameras, Kabel, über allem dieses ganz typische Geruchsgemisch, das Journalistentrauben absondern. Bisschen Schweiß. Bisschen alter Zigarettenqualm. Bisschen Muff von länger nicht mehr gewaschenen Funktionsklamotten. Bisschen Knoblauch von der preiswerten Mahlzeit am Abend davor. Es treffen also zusammen: einerseits die olfaktorisch herausfordernde Weltpresse, fremdsprachlich überfordert. Englisch, oft sogar gebrochenes Englisch, sonst nichts. Andererseits der frisch geduschte Maradona, ein Junge auf dem Sprung. Das, was sich alle schon vor Jahren von ihm versprochen haben, löst er gerade ein. Er schwebt. Und von unten quasseln alle auf ihn ein. Er schaut auf sie runter, wie man halt schaut, wenn man aus Villa Fiorito kommt. Unsicher, ratlos. Vielleicht auch schon ein bisschen arrogant. Ich drängle mich vor und sage auf Italienisch: »Diego, können wir ein paar Worte reden?« Der kennt mich nicht, ich bin dem egal, aber er hört, dass ihn einer anspricht in einem Idiom, mit dem er was anfangen kann. Und dann winkt der mich ran, das Meer teilt sich, die versammelten Troglodyten der Weltpresse traben zur Seite, und ich gehe da so durch, bis nach vorne, und dann reden wir kurz.

Paar Jahre später. Er spielt in Neapel, ich verhandle mit seinem Berater, es geht wieder um ein Interview, vor dem Europapokalfinale gegen den VfB Stuttgart. Der Berater sagt: »Du hast doch mal mit dem ein Interview in Mexiko gemacht, kann sein, dass er das noch weiß. Also, komm zum Training.«

Du fährst dann dahin, du fährst in Neapel auf das Trainingszentrum zu, und es ist, als würdest du auf Stammheim zufahren. Graue Stahltore. Mauern. Kein Fenster, keine Lücke, alles blickdicht.

Es dauert. Es dauert ewig. Endlich kommen wir rein, die trainieren, und am Trainingsplatz sitzt eine Frau, eine Nanny offensichtlich, mit einem kleinen blonden Mädchen. Die beiden schauen den Spielern zu. In Italien gibt es keine Trainingskiebitze. Dass da Fans beim Training rumstehen: völlig undenkbar. Draußen, vor der Schranke, können die warten, und wenn die Spieler dann mit ihren Autos rausfahren, haben sie vielleicht Glück und kriegen ein Autogramm durchs Autofenster gereicht. Mehr Kontakt gibt es nicht. In Rom habe ich mal Bruno Conti beobachtet, ein super Fußballspieler, aber nicht viel größer als eine Waschmaschine. Der hatte eine gewaltige Mercedes-Limousine, und als er aus dem Trainingszentrum rausfuhr, hast du ihn nicht gesehen in dem Auto, er war zu klein. Der Mercedes von Bruno Conti sah aus wie das erste selbst fahrende Auto der Welt.

Wir schauen also beim Training von Maradona zu, und als das Training vorbei ist, rennt das kleine Kind vom Spielfeldrand auf den Platz, rennt auf Maradona zu. Denn das Mädchen ist seine Tochter, Dalma. Maradona nimmt das Mädchen auf den Arm und ist für einen Moment nicht Maradona, sondern nur der Papa mit seinem Kind. Und da habe ich den Instinkt: Wenn, dann gehen wir *jetzt* dahin. Der Pressekasper hält die Luft an, aber wir gehen auf Maradona zu, der wusste ja, dass es ein Interview geben soll. Wir haben ein langes Mikro dabei mit diesem Fellding drüber, so ein Windschutz, das halten wir in deren Richtung, und da fängt das kleine Mädchen an, mit diesem Fellteil zu spielen. Es war zwei, drei Jahre alt, höchstens. Und ich rede mit Maradona, italienisch, rede mit ihm über seine Tochter, über Kinder, mein Sohn war damals auch noch ziemlich klein, wir kriegen ein schönes Interview mit einem echten Menschen. So eins, in dem der auch nicht das Bedürfnis hatte, mir den SSC Neapel oder die Welt oder sonst irgendwas zu erklären. Das ging beiläufiger, die andere Ebene war wichtiger, die einzige Ebene, auf der wir uns treffen konnten. Vater sein, Kinder haben.

Sagt der Berater: »Wollt ihr nicht noch ein paar schöne Bilder? Passt auf, aber ihr sagt das niemandem: Morgen früh, halb acht, geht Diego zu einem Kumpel auf ein Boot. Wir treffen uns unten am Jachthafen, und dann fahren wir raus. Wenn ihr wollt, könnt ihr mitkommen, da könnt ihr drehen.«

Wir fahren am nächsten Morgen artig hin, und es stehen fünfhundert Menschen am Hafen. Irgendjemand hatte seine Fresse nicht halten können. Maradona kam erst gar nicht, seine Leute hatten ihn angerufen: Vergiss es, hier steht halb Neapel.

Da ist er natürlich zu Hause geblieben, sein Haus war ungefähr so abgeschirmt wie das Trainingszentrum. Er lebte hinter Mauern. Der wurde nach dem Training von einer Polizeieskorte nach Hause begleitet, du dachtest, der Papst ist in der Stadt. Er konnte in kein Restaurant gehen, aber wirklich in keins. Kein Kino, kein Restaurant. Nichts. So hat Maradona gelebt, und dass du da mit 23, 24, 25 langsam zu koksen anfängst – das ist nicht empfehlenswert, aber nachvollziehbar.

Der Unterschied zwischen einem normalen Star in der immer noch recht geerdeten Bundesliga und einem Superstar in Italien ist gewaltig, hier ist es Bewunderung, da ist es Anbetung. Hier schreien sie, wenn Ribéry kommt, da weinen sie, wenn Maradona ihnen erscheint. Einmal habe ich ein Transparent selbst gesehen, quer über die Straße gespannt, in einem ärmeren Viertel von Neapel. Es war die Zeit, als ein paar Intellektuelle darüber debattierten, ob es nicht obszön sei, dass Maradona so viel verdient, ausgerechnet in Neapel. Die Antwort der Menschen stand auf diesem Bettlaken: »Es ist schöner, mit Maradona zu hungern als ohne ihn«.

Das andere hat man mir erzählt, die berühmte Aufschrift auf einer Friedhofsmauer, als Neapel mit Maradona 1987 Meister geworden war. Auf der Mauer dieser Satz: »Ihr wisst ja nicht, was euch entgangen ist«.

Werd mal damit fertig, als kleiner Junge aus Villa Fiorito. Ich kann verstehen, dass es ihn rausgehauen hat, besser: Ich kann mir vorstellen, warum. Drogen,

Fresserei, fast draufgehen. Wir alle können es uns nur vorstellen, und das ist auch ein Teil des Problems, oder es erklärt die Verlorenheit solcher Über-Stars. Auf Augenhöhe reden kann einer wie Maradona mit niemandem, weil niemand wirklich weiß, wie es sich anfühlt, Maradona zu sein. Als Maradona bist du immer alleine.

In Buenos Aires haben sie diesen Markt im Stadtteil San Telmo, Antiquitäten, aber auch Nippes, und an die Hauswände ist Maradona gesprüht, in jung oder alt, Maradonagesichter in allen Aggregatzuständen. Als ich das erste Mal da war, habe ich eine kleine Skulptur gekauft, die kleinste Skulptur des größten Fußballers. Maradona macht das Tor gegen England, mit der Hand, sie haben die Szene aus Streichhölzern nachgebaut, Maradona ist ein Streichholz, und der englische Torwart Shilton ist ein Streichholz. Aber in der Art, wie die Streichhölzer gegeneinanderstehen, kann man erkennen, welcher Moment das ist. Das steht in meinem Büro. Jeder, der es sieht, sagt: die Hand Gottes.

Diesen Moment hat Maradona den Leuten geschenkt.

Ich habe das Spiel mit der Hand Gottes nicht live gesehen, obwohl ich damals ja bei der WM in Mexiko war. Die größten Ereignisse verpasst man leider immer. Ich war beim Auseinanderbrechen der Beatles nicht dabei, ich habe auch Maradonas Abschiedsspiel nicht gesehen, 2001 in der Bombonera, bei seinem alten Verein, Boca Juniors. Aber es gibt Videos. Maradona steht auf dem Platz, sie haben ihm eine kleine Bühne gebaut, und er sagt diesen großen Satz: »Ich habe geirrt und bezahlt, aber der Fußball bleibt unbefleckt.« Keine Ahnung, ob ihm das jemand aufgeschrieben hat, aber gesagt hat er es so, als käme das von tief drinnen. Und er hat seine Töchter dabei, Giannina und Dalma, das kleine blonde Mädchen von damals, bei dem Interview. Sie ist inzwischen eine blonde junge Frau, die weint, als sie ihren Vater reden hört, und im Publikum weinen sie, und Maradona weint dann auch. Da sind sie einmal alle auf einer Ebene, das Idol und seine Familie und die ganzen Leute. Alles Trennende verliert für den Moment seine Bedeutung. Es ist Maradonas letztes Spiel, alle haben nur eine Möglichkeit, der Situation zu begegnen. Sie lösen sich auf, in Tränen.

Gretzkys Autogramm

Wir machten einen *Sportspiegel,* es muss Ende der Achtziger gewesen sein, dazu brauchten wir ein Interview mit Wayne Gretzky, schon damals erkennbar der beste Eishockeyspieler aller Zeiten. Der war gerade von den Edmonton Oilers zu den Los Angeles Kings gewechselt. Ich war eine halbwegs bekannte Nummer als Journalist, im Fußball, und in Deutschland. Aber für Fußball in Deutschland interessiert sich in Amerika kein Mensch. Da muss man sehr hartnäckig sein, um auf sich aufmerksam zu machen, und auch entsprechend tricky. In der Anbahnungsphase tricky zu sein, ist grundsätzlich keine schlechte Idee, nicht nur, was Interviews angeht. Ich sehe mich jetzt noch am Schreibtisch sitzen in meinem Mainzer Vorort, wo ich damals wohnte. Anruf in Los Angeles, dieser komische amerikanische Klingelton, drrrt, drrrt, drrrt. Eine Frau meldet sich, »Los Angeles Kings, trallala, trallala«, und ich stelle mich vor als »Correspondent from European Television«, um die Sache gleich mal auf ein anderes Level zu bringen. Kurzes Hin und Her, dann sagt sie: »Na, dann kommen Sie mal.« Nicht, weil der große Reif oder das noch größere und gerade frei erfundene European Television ihr irgendwie am Herzen läge – du merkst sofort: Selbst Europa war ihr nicht im Ansatz groß genug. Wenn der *Boston Chronicle* angerufen hätte, hätte sie einen genauen Termin mit Gretzky genannt, dann und dann um 10.30 Uhr. Aber wenn du nur vom European Television kommst? Who the fuck cares?

»Na, dann kommen Sie mal.« In mir steigt schon die Angst auf. Ich muss ein Team aus Deutschland zusammenstellen, Techniker, Kamera, alles. Wir reisen an, und dann ist »Na, dann kommen Sie mal« nicht wirklich eine verbindliche Verabredung.

Trotzdem fliegen wir dahin, nach Los Angeles, stellen uns schön artig vor in einem enormen Büro der LA Kings, und du baust dann darauf, dass es schon gut gehen wird, wenn du extra aus Europa herbeigeflogen kommst. Irgendeine Sekretärin da wird sich an das Telefonat erinnern, und selbst wenn sie das nicht tut: Sie wird sich deiner erbarmen. Aber sie sagt: »You know how many people want to talk to Wayne?«

»Yes, but we came all the way from Europe. And you said we should come.«

Blick in einen wichtigen Kalender. »Today? Today? No, no. Tomorrow! Oh no. Tomorrow we will play in Edmonton.«

Nun kommt ja Mr. Gretzky aus Edmonton, der fliegt

also nach Hause, das kann atmosphärisch noch interessanter sein als ein Interview in Los Angeles, das ist ja wie gemalt für uns. Okay, sage ich: »Wir fliegen denen nach Edmonton hinterher und machen das da.«

Wir fliegen nach Edmonton. Jetzt gebe ich zu: Gretzky hat mich immer sehr beeindruckt. Auf jeden Fall so sehr, dass ich nicht einfach zu dem hingehen kann, um zu sagen: »I come from the European Television, and I want to talk to you, the biggest legend on ice.« Puh. Wir kommen da an, saukalt, die Mannschaft steht tatsächlich gerade am Gepäckband gegenüber, und da ist Gretzky. Ein Männlein, schmächtig. Auf dem Eis hatte der Killer um sich rum, wenn dem einer wehgetan hat, dann kam Marty McSorley und rächte ihn. Marty McSorley war der persönliche Henker von Gretzky. Also, Wayne Gretzky am Gepäckband, aber ich bin kein Autogrammjäger, und ich war immer ein zu feiner Herr für so etwas. Einfach Leute paparazzimäßig anzubaggern, das lag mir nicht, bei Gretzky so wenig wie bei Berthold Beitz. Ich wollte feste Termine haben, Vereinbarungen.

Was ich mich getraut hatte, war: am nächsten Morgen das Hotel zu verlassen. Ich frühstücke nicht im Hotel, nie, gegenüber war ein Coffeeshop, und ich bin ein paar Schritte auf der Straße, da friert mir das Gesicht zu, minus 30 Grad. Jede Parklücke hat da eine Steckdose; wenn du ankommst, stellst du das Auto ab, und sofort musst du die Batterie andocken. Sonst fährst du mit diesem Auto in diesem Winter nicht mehr.

Ich zurück in die Lobby, da sehe ich ihn auch irgendwann, aber er ist in Eile, und ich muss mich auftauen.

Abends das Spiel dann war grandios, auch der Empfang für ihn. Die wussten, was sie ihm schuldig waren bei seiner Rückkehr nach Edmonton. Man durfte auch überall filmen, unten an der Bande. Bilder hatten wir genug, das Interview nicht.

Zurück nach Los Angeles. Anruf bei den LA Kings. Ach ja, Interview. Heute geht es gar nicht, gehen Sie morgen zum Training, so um halb elf. Er trainiert, man kann überallhin mit der Kamera, aber da ist auch kein Pressemensch, der einen irgendwie begleitet, jedenfalls gibt es so einen nicht für Kollegen vom European Television. Dann geht Gretzky endlich duschen. Ich hatte mir sein Trikot gekauft und auch einen Stift mitgenommen und stehe da so im Gang. Wissend, dass er jeden Moment aus der Kabine herauskommen wird. Ich stehe und stehe und stehe. Irgendwann kommt er, ich nehme alles zusammen und spreche ihn an. »You know what?«, sagt er. »I had *Sports Illustrated* today, I had *CBS, ABC,* and now I have my family at home.« Dreht sich um und geht.

Ich stehe da und schau ihm nach. Wie ein Bettnässer, wie Dieter Kürten immer zu sagen pflegte. Und er geht weg, ich brabble mehr für mich selbst: »We came here from Europe, we followed you to Edmonton yesterday, we came back.« Und der hört das. Geht einen Schritt langsamer, bleibt stehen, dreht sich um, schaut mich an und sagt: »Five minutes!«

Eine halbe Stunde lang haben wir dann alles besprochen, was zu besprechen war. Nach der Unterschrift von Co Prins damals war es das erste und einzige Autogramm, das ich selbst geholt habe. Das signierte Trikot hängt jetzt in Zürich, auf meiner Gästetoilette, und erinnert mich daran, dass man nicht aufgeben soll. Nie.

Pelé bleibt unbefleckt

Manchmal behaupten Menschen in den sogenannten sozialen Netzwerken, ich liebte den Fußball nicht und respektierte nicht seine Idole. Dazu folgende Geschichte: Weltmeisterschaft 1994 in den USA, Finale in Pasadena. Italien gegen Brasilien, Anpfiff nachmittags im Rose Bowl Stadium. Die Rose Bowl hat kein Dach, wozu auch? It never rains in Southern California. Der weit gereiste Trainer Kalli Feldkamp war der *ZDF*-Experte, sein Ratschlag: Ihr müsst trinken, Leute, ihr sitzt später stundenlang in diesem Stadion, da droht euch sonst der Hitzschlag. Wir trinken also literweise Wasser, auf Vorrat, wie Kamele vor dem Wüstenausritt. Aber what comes in must go out. Die spielen, irgendwann Verlängerung. Ich sitze, kommentiere und denke: Jetzt geh ich kaputt. Irrer Druck auf der Blase, inzwischen im ganzen Körper, das Ganze steigert sich in einen Urinrausch. Man sieht alles durch einen goldgelben Schleier.

Die Pressetribüne in der Rose Bowl ist gemauert, es geht ziemlich steil abwärts. Irgendwann beschließe ich:

Ich werde jetzt etwas tun, was ich noch nie getan habe: Ich lasse es einfach laufen. Leise, stilvoll, kaskadenartig. Ich kann nicht länger durchhalten, das wird man verstehen müssen. Es flüstert eine innere Stimme: Wir sind in Amerika, wir sind in Kalifornien. Man wird dich erschießen, wegen Störung der öffentlichen Ordnung. Du wirst der Welt erster Kommentator sein, der das Finale der Weltmeisterschaft nicht überlebt.

Aber es gibt kein Halten mehr. Wenn du mal die Entscheidung getroffen hast, jetzt geh ich pissen, dann stellt sich dein gesamter Körper darauf ein. Eine solche Entscheidung rückgängig zu machen – das geht nicht. Nichts ist schlimmer, als in einem solchen Moment an einer abgeschlossenen Toilettentür zu scheitern.

Gerade als ich also auf der Tribüne des Rose Bowl Stadiums ansetzen will, meldet sich ein allerletzter Impuls, eine Frage an mich selbst: Wen würde es treffen? Ich beuge mich weit nach vorne, gucke runter und sehe: Direkt unter mir sitzt Edson Arantes do Nascimento. Der große Pelé, bester Fußballer aller Zeiten. Würde er unbefleckt auch aus diesem Spiel hervorgehen?

In diesem Moment klärt sich alles, es ist Erkenntnis und Gebot in einem. Ich weiß: Ich kann nicht Pelé von oben anpinkeln, das kann ich nicht tun, nicht Pelé!

Und ich habe es nicht getan.

Daran mag jeder erkennen, wie sehr ich den Fußball liebe, welchen Respekt ich vor seinen Idolen habe.

Simeone der Kolkrabe

Der Fußball wird immer mehr verwissenschaftlicht, auf den Trainerbänken sitzen inzwischen Assistenten, die früher dort nicht saßen. Sie sehen aus wie Forscher, Fußballforscher mit Taktiktafeln und iPads. Fußball soll aber immer auch emotional sein, deshalb liebe ich diesen Simeone, Diego Simeone, langjähriger Trainer von Atlético Madrid. Es macht Spaß, ihn nur zu beobachten, und am besten beobachtet man ihn in seiner natürlichen Umgebung, dem Estadio Vicente Calderón in Madrid. Es riecht schlecht dort, die Gänge sind verpisst, da bröckelt der Beton. Nebenan gammelt der Manzanares vor sich hin, immer schon mehr Kloake als Fluss. Und unten fährt die Madrider Stadtautobahn durch dich durch, es ist irre. Wer zum ersten Mal da ist, denkt sich: Lieber Gott, lass mich nur gesund hier rauskommen.

Im Inneren dieser Hölle regiert und dirigiert Diego Simeone, mit seinen gegelten Haaren, mit seinem dunklen, eng geschnittenen Anzug, der immer ganz leicht glänzt. Alles, was dieser Klub verkörpert, personifiziert sich in ihm. Atléticos plebejischer Charme hat in Simeone eine Gestalt gefunden, eine Gestalt in schwarzem Anzug, dazu gern eine schwarze schmale Krawatte. Wenn es kühler wird, passt ein Kurzmantel dazu, Simeone kombiniert schwarz mit schwarz und ganz schwarz. Jemand hat mal geschrieben: wie ein Nachtklubbesitzer. Das habe ich für meine Kommentare geklaut, besser kann man es nicht sagen. Wenn Simeone der Nachtklubbesitzer ist, ist sein Assistent der Türsteher. German Burgos, auch Argentinier, früher Torwart, Sänger in einer Rockband, früher den Nierenkrebs überlebt. Burgos, der Geprüfte, prüft jetzt die anderen, die Schiedsrichter, die Linienrichter, die Trainerteams, er prüft ihre Geduld. Er provoziert und ruft und gestikuliert, aber sobald das Gekeife sich zu Handgreiflicherem verdichtet, ist Diego Simeone zur Stelle. Wie im Leben. Wenn sein Türsteher in Schwierigkeiten ist, kommt der Nachtklubbesitzer und regelt das.

Der eine schützt den anderen und wird vom anderen zurückgeschützt. Sie erzählen keine Geschichte vom Geben und Nehmen, sie reden vom Geben und Geben, das ist verklärend und verbrämend, aber so reden sie bei Atlético.

Der Trainer Simeone ist der Anführer, manche nennen ihn den Sektenführer, er setzt den Ton für alles, was im Estadio Vicente Calderón gesagt, geflucht, gebrüllt, skandiert, gesungen wird. Und alle glauben ihm, das ist ja die Geschichte: wie einer eine Mannschaft aus Mittelklassespielern dazu bringt, zu etwas größerem Ganzen zu werden. Atlético ist eine mittelmäßige Mannschaft, sogar der wunderbare Antoine Griezmann war lange sehr, sehr mittelmäßig. Aber sie haben es zweimal ins Champions-League-Finale geschafft, angetrieben von dem dünnen Mann, draußen an der Linie. Seine Hosen kauft er immer eine Nummer zu groß, glaube ich, er kann dann während des Spiels sein Hemd reinstecken, und der Fernsehzuschauer sieht bei der Gelegenheit, dass der Gürtel kein bisschen spannt. Er sieht, wie sehr der Trainer sich aufreibt für seine Mannschaft, wie auch er alles gibt und wahrscheinlich mehrere Kilo verliert während eines Spiels.

Der Trainer Simeone steht während des Spiels in Kontakt mit der ganzen Welt: mit seinem Assistenten, mit seinen Spielern und schließlich mit der Besatzung des Stadions. Wie er das Publikum auffordert, die Mannschaft anzufeuern – diese Bewegung mit den Armen, von unten nach oben. Kein Winken, kein Rudern. Viel kraftvoller: Einer holt Schwung und gibt Schub. Und man denkt, er hat jeden einzelnen Zuschauer dabei im Blick.

Simeone schiebt. Burgos kläfft. Simeone brennt. Und der magere Rechtsverteidiger Juanfran rennt und rennt und sieht aus wie seine eigene aus hellem Holz geschnitzte Heiligenfigur.

Das ist es wahrscheinlich, diese besondere Kombination. Rau wie die Straße, schmutzig. Und zugleich erhaben wie ein Gottesdienst. Das ist Atlético. Simeone ist Nachtklubbesitzer und Priester in einer Person. Schattenwesen und zugleich Lichtgestalt. Wo er ist, riecht es nach Kampfschweiß und Weihrauch, und diese Melange vernebelt allen, die zu Besuch kommen, das Hirn und den Verstand.

Der große FC Bayern ist im Champions-League-Halbfinale 2016 klassisch gescheitert, die erste Viertelstunde im Hinspiel war entscheidend. Als sich Atléticos Saúl Ñíguez durch 20 Mann schlängelt und das Tor schießt. Herr Guardiola war Trainer in Barcelona, er hat 50-mal gegen Atlético gespielt, davon 51-mal gegen Simeone. Er weiß also vor dem Spiel, was seinen Bayern an Plebejertum und Vorstadtganoventum und Bauarbeiterstolz begegnen wird. Er weiß, dass sich der geheimnisvolle Kolkrabe aus der Coachingzone nebenan bald mit dem gesamten Stadion kurzschließen wird. Aber er kriegt es nicht hin, dass seine Bayern auf den Platz gehen und sagen: Nicht mit uns! Fußballerisch sind die Bayern besser. Aber erst nach einer Viertelstunde haben sie die Situation angenommen und gesagt: Okay, heute hat es uns also hierhin verschlagen. Tun wir, was zu tun ist. Setzen wir die Schweißerbrille auf.

Aber da ist es schon zu spät.

Verschenkte Momente

Wenn wir über Geschichten reden, sprechen wir natürlich auch darüber, diese Geschichten zu erkennen, sonst können wir sie nicht erzählen. Was wir nicht zeigen, sieht der Zuschauer am Fernseher nicht, wir haben auch die Macht, dem Publikum Geschichten vorzuenthalten. Dabei will das Publikum Geschichten hören.

Bei der Weltmeisterschaft 2010 gab es in den südafrikanischen Zeitungen zwei Themen: Wie ist die Bafana Bafana in Form, die südafrikanische Nationalmannschaft. Und wie geht es Mandela? Nelson Mandela ging es gesundheitlich schlecht, aber er wollte zur Eröffnungsfeier in Johannesburg kommen, hieß es. Dann starb wenige Stunden vor der Eröffnungsfeier seine Urenkelin bei einem Verkehrsunfall, Mandela sagte die Teilnahme an der Eröffnungsfeier ab, und auch danach war er nicht zu sehen. Vielleicht würde er zur Abschlussfeier kommen, hieß es. Vielleicht.

Auch wenn ihn während der Weltmeisterschaft niemand zu Gesicht bekam, war er immer doch irgendwie anwesend. Die WM war so etwas wie eine Weltanerkennung für das Land. Und das, was da anerkannt wurde, war ihm zu danken. Ich glaube, viele Menschen haben das gespürt, Weiße und Schwarze. Ihn noch mal zu sehen, am Ende eines Ereignisses, auf das die Welt schaut und das ohne ihn möglicherweise gar nicht in Südafrika stattgefunden hätte – das wäre eine besondere Geschichte gewesen, eine sehr besondere. Die Frage, ob er zur Schlussfeier in Johannesburg kommen würde, stand im Raum, die FIFA beantwortete sie nicht. Was ist mit Mandela? Als Antwort nur noch offizielles Geraune, aus dem man heraushören könnte: Ziemlich sicher kommt er nicht. Aber vielleicht ja doch.

Es gibt eine berühmte Sportszene mit Mandela, jeder kennt sie. 1995 hatte die südafrikanische Rugbymannschaft, die Springboks, sensationell das WM-Finale gewonnen, auch in Johannesburg, im Ellis Park. Auf der Ehrentribüne wartet Nelson Mandela, er trägt ein Trikot der Rugbynationalmannschaft, das Trikot mit der Nummer 6, das Trikot des südafrikanischen Kapitäns Francois Pienaar. Dann die Siegerehrung. Mandela, der schwarze Mann mit der 6, übergibt den Pokal an Pienaar, den weißen Mann mit der 6. Sie schauen sich an, zwei Männer nicht im selben, aber im gleichen Trikot. Es gibt viele große Geschichten im Sport, in denen Trikots eine Rolle spielen, aber diese ist besonders berührend, die Geschichte erzählt von Versöhnung und ein bisschen auch davon, was der Sport erreichen kann.

Quatsch, erreicht hat alles Mandela, aber sagen wir es so: Der Sport schafft manchmal Bilder, die begreifbar machen, was sich jenseits des Sports entwickelt hat.

Die Hoffnung, Mandela sehen zu können, war bei mir noch nicht komplett erloschen am Tag des Endspiels der Weltmeisterschaft, Spanien gegen Holland, natürlich wieder in Johannesburg. Wie damals, beim Rugby. Wenn man länger dabei ist, bewegt man sich am Ende seiner Karriere immer in diesen berühmten Kreisen, die sich schließen. Die Schlussfeier vor Spielbeginn war sehr hübsch, Lichtershow, afrikanische Musik. Ich saß an meinem Kommentatorenplatz im Stadion, und im Studio in München hatte *Sky* Experten geladen. Sammer oder Effenberg, egal, die quasseln, ich kommentiere die Schlussfeier, brillant wie gewohnt, dann wird kurz umgebaut, und sie schalten wieder nach München, wo die Experten zu einer offenbar tief gehenden Analyse des bevorstehenden Finales ansetzen.

Früher gab es in der Sportberichterstattung das Reporterfernsehen, es wurden Geschichten entdeckt und erzählt, Filme wurden gemacht, Beiträge gebaut. Das hatte eine ganz eigene Tiefe. Inzwischen gibt es das Moderationsfernsehen, einer fragt, der andere antwortet. Es wird viel geredet, und das muss ja nicht schlecht sein. Aber wenn nur geredet wird, dann fehlt etwas. Und wenn das, was im Stadion passiert, nicht mehr ernst und wichtig genommen wird, braucht man irgendwann keine Reporter mehr, allerdings braucht man dann auch keine Moderatoren mehr, und es wird nichts zu sehen sein als ein schwarzer Bildschirm.

Also, München ist auf Sendung, Gerede, Gerede. In Johannesburg wird es im Stadion auf einmal dunkel, die dimmen das Licht nicht runter, die drehen es komplett ab. Was bedeutet das? Entweder Panne. Oder das Gegenteil davon. Dann überall so ein Murmeln, das allmählich lauter wird. Und dann am Spielfeldrand, Blickrichtung rechts unten: ein Lichtkegel. Und der Lichtkegel erhellt ein kleines, wackeliges Golfwägelchen mit Menschen drauf. Und als das Wägelchen sich bewegt, melde ich mich bei der Regie, ich schreie: »Sofort hierher! Hierher!« Nichts passiert. »Sofort hierher, sag mal, habt ihr sie noch alle?«

Antwort aus der Regie: Aber München ist noch dran. Subtext: Moderationsfernsehen ist wichtiger als Reporterfernsehen. Da bin ich ausgeflippt, ich habe mich in einen Hurrican reingeredet, Stärke 5: »Ich bring euch um. Wenn ich euch erwische, bring ich euch um.« Unterdessen wurde Nelson Mandela auf dem Golfwägelchen ins Stadion von Johannesburg gefahren. Das war ein Moment, der dir im Fußball so obendrauf gepackt wird und der so ein Fußballereignis natürlich auch größer macht. Das kannst du nicht bezahlen, das ist einmalig. Aber wir bleiben im Studio in München.

Als wir endlich live raufgegangen sind, hatte Mandela seinen Weg ins Stadion schon zur Hälfte hinter sich und war wieder auf dem Rückweg. Die Initialzündung war weg. Wir hatten einen großen Moment verschenkt.

Beim *ZDF* hatte Jahre vorher mal ein Moderator Durchfall gehabt und deshalb das Studio vorübergehend verlassen, ein begabter junger Mann, Österreicher. Unten hatten sie aus der Technik trotzdem in das Studio geschaltet, sie hatten gesehen, dass da keiner war, aber statt sich irgendwas einfallen zu lassen, schalteten sie rüber. Das kam alles live, und ein leeres Studio hat live natürlich einen sehr bitteren Charme. *ZDF*-Chefredakteur Klaus Bresser, ein feiner Mensch, der keinem Insekt was tun konnte, sagte am nächsten Tag in der Konferenz: »Wer hat ins leere Studio geschaltet? Bitte jetzt keine Erklärungen, nur einen Namen. Wer?«

So habe ich es nach dem Finale in Johannesburg auch gemacht. Wer hat veranlasst, dass nicht sofort nach Johannesburg geschaltet wird? Nur einen Namen: Wer? Mir wurde ein Name genannt, und ich habe gesagt: »Ich wünsche, dass der Kollege heute im kleinen Kreis beigesetzt wird.«

Ich fürchte allerdings, dass der überwiegende Teil der wesentlich jüngeren Kollegenschaft meine Aufregung nicht nachvollziehen konnte und auch heute noch nicht kann. Es hat zwar etwas Großkotziges, das so zu sehen, aber ich kann es nicht ändern. Um eine Geschichte erzählen zu können, muss man sie erst mal erkennen. Nelson Mandela, die Geschichte: Einer sitzt ewig im Gefängnis, aber verbittert nicht. Einer schreit nicht Rache.

Sondern er tut alles für die Versöhnung. Einer wird nicht respektiert, sondern geliebt. Vor Beginn der WM stirbt seine Urenkelin, noch mal greift das böse Schicksal nach ihm, fast wie ein Sinnbild, aber dieser Mandela überwindet den Schmerz und kommt zur Schlussfeier der WM, die ja auch seine WM ist. Sie setzen ihn nicht auf einen Thron, sondern auf ein Golfwägelchen. Einer lenkt, ein paar andere passen auf, und Mandela winkt den Leuten zu. Er ist sehr dünn, und er hat eine große Mütze, das Ganze wirkt improvisiert. Keine Musik, keine Hymnen, nur dieser schrecklich kehlige Klang der Vuvuzelas von den Tribünen. Da ist vieles kalt an einem Abend im südafrikanischen Winter. Aber Mandela strahlt, und es ist ein Strahlen, das sehr von innen kommt. Man vergisst es nicht.

Die Tiefe der Geschichte von Mandela und die Bedeutung von Mandela im Stadion ist von den Kollegen in München nicht erkannt worden. Sonst wären wir ja rübergegangen. Sonst hätten wir es ja gezeigt. Da wir es nicht gezeigt haben, habe ich die Argumente auf meiner Seite.

Nach Abpfiff – ein Gespräch über das Hinschauen

Dein Sohn Jan, der dich gut kennt und im Stadion auch schon als dein Assistent gearbeitet hat, sagt: Während des Spiels ist mein Vater ein Kommentator. Seine Zeit kommt, wenn das Spiel vorbei ist. Was er da sieht, sieht kein anderer.

Wenn Jan das sagt, könnte was dran sein.

Was sieht man nach dem Spiel?

Man sieht, ein Beispiel, einen Spieler namens Paul Lambert. Paul who?, wirst du jetzt sagen, aber Lambert hatte einen Moment in seiner Karriere, der war größer als die Karriere selbst. Er spielte bei Borussia Dortmund, kein überragender Fußballer, ein ehrlicher, anständiger Arbeiter. Schotte. Passt exakt in die Malocher-Folklore da rein. Aber wenn so einer geht, endet keine Ära. Mit so einem Verlust muss ein Verein wie Borussia Dortmund klarkommen. Dann spielen sie also in der Champions League.

Vorrunde 1997 gegen den AC Parma. Ich sage schon deshalb nicht Paul Who, weil ich damals auch im Stadion war.

Seine Frau hatte Heimweh, und er hatte beschlossen, mit ihr nach Schottland zurückzugehen, weil sonst die Ehe kaputtgegangen wäre. Er verließ Dortmund, um zu verhindern, dass die Frau ihn verlässt. Aber er hatte vorher bei einer Pressekonferenz gesagt: Ihr wisst, wie gern ich in Dortmund bleiben würde. Leider geht es nicht.

Das wussten alle Fans, es stand in der Zeitung, das war der dramaturgische Rahmen seines letzten Spiels.

Das läuft normal, 2:0 für Dortmund, kein Tor von Paul Lambert. Dann ist es vorbei. Und dann, nach dem Spiel, wird das Feld zu einer Kulisse, alles andere versinkt im Unscharfen, und auf einmal ist dieser Paul Lambert die Hauptfigur. Die Dortmunder gehen auf die Südkurve zu, Lambert schon im Unterhemd, weil er sein Trikot vorher weggegeben hatte …

… an einen Rollstuhlfahrer …

… sie gehen weiter, und irgendwann gibt der Trainer Nevio Scala allen ein Zeichen, sie sollen zurückbleiben. Lambert löst sich aus der Menge der Spieler, geht allein weiter, und du siehst das und hast das Gefühl: Er spürt, das könnte jetzt größer werden und vielleicht so groß, dass er das nicht mehr verarbeiten kann. Aber es gibt ja auch keine Chance mehr abzuhauen, er geht weiter, traumwandlerisch, und steht am Ende allein vor der Südkurve, und die singen für ihn, allein für ihn, und applaudieren ihm, allein ihm. Das Ganze ist Emotion ohne Spekulation, da schauen zigtausend Leute zu ihm runter. Aber trotzdem ist das eine Interaktion zwischen jedem Einzelnen, der auf der Tribüne steht, und ihm.

Echte Liebe.

Das stand damals noch nicht auf den Werbetafeln, aber wurde natürlich als Slogan gedanklich geboren in solchen Momenten. Und sie machen das ja klug in Dortmund, dass sie die Geschichte weitererzählen. Weißt du noch, anno Tobak bei Paul Lambert: Das war damals schon echte Liebe.

Bemerkenswert, dass ein Wink des Trainers reicht, und dann räumen alle das Feld und lassen einem Einzelnen den Auftritt.

Offenbar gibt es Momente im Fußball, die so speziell sind, dass jeder, und sei er noch so einfach gestrickt, merkt: Jetzt bleib ich weg, denn jetzt passiert etwas, das ist grad größer als ich. Fußballer: Trotz aller Routine spüren die das.

Erinnerst du dich an deinen Kommentar?

Damals war ich Sportchef bei *RTL*, ich hatte das Kommando und konnte Anweisungen geben: bleiben, draufbleiben! Und gesagt habe ich – lass mich kurz mein fotografisches Gedächtnis strapazieren. »Was wir jetzt sehen, ist ziemlich sicher nur eine Fußnote in dieser Champions-League-Saison. Aber die sollten wir jetzt einfach mal genießen.« So in der Art.

20 Jahre her. Warum erinnern wir beide uns so genau daran?

Es war nicht geplant, es hat sich aus der Situation heraus ergeben, und da entwickelt der Sport und der Fußball eine Strahlkraft, die mich immer noch fasziniert. Einer steht unten und beißt sich auf die Unterlippe und kämpft mit den Tränen. Wie ein Kind. Das ist echt. Nicht gespielt. Je choreografierter alles wird, desto mehr rührt einen dieses Echte.

Das Echte wird besonders oft in der Zeit nach dem Spiel sichtbar, weil die Kamera nicht mehr drauf ist.

Fußballer wissen, dass während des Spiels alles aufgenommen wird, deswegen verhalten sie sich während des Spiels entsprechend. Einstudierter Jubel, Machoposen. Spiderman-Masken. Oder damals die Mainzer als Rockband an der Eckfahne. Oder jemand hebt das Beinchen wie ein Köter – um da emotional mitzugehen, bin ich zu wenig Hund. Sie sind Bilderlieferanten, sie liefern Bilder, und sie versuchen, Herr zu bleiben über ihre Bilder. Deswegen wird auch das Überwältigtsein nach einem Tor offenbar vorher geübt, die Gesten fallen denen ja nicht spontan ein. Die Zuschauer haben sich daran gewöhnt, dass das Spiel so aussieht wie auf der Playstation. Alles geleckt, geföhnt, choreografiert. Wenn der Ablauf gestört wird durch etwas Echtes – das fällt allen auf.

Ich erinnere mich an einen Dokumentarfilm von Asif Kapadia über den Formel-1-Fahrer Ayrton Senna, der bei einem Rennen in Imola starb. Ein berührender Film über einen genialen, aber auch empfindsamen und durchlässigen Sportler, verehrt von den Fans, geliebt von seiner Familie. Eine Szene nur aus dieser Dokumentation: Trauerfeier, auf dem Sarg liegt sein berühmter gelber Helm. Seine ältere Schwester steht davor, überwältigt von Schmerz und Trauer. Sie ist verhärmt, fast erloschen. Und dann nimmt sie den Helm vorsichtig in die Hände und lehnt ihre Stirn an diesen Helm. So stehen sie einen Moment still da, Bruder und Schwester.

Trauer lässt sich nicht planen, da kann man niemandem verordnen, wie er sich ausdrücken soll. Das Gefühl der Trauer ist zu tief, um es regulieren zu können. Und dann kommt es zu solchen ehrlichen Momenten. Bruder und Schwester. Man muss selbst weinen, wenn man so etwas sieht.

Um an ein Spiel zu erinnern, bei dem du ausnahmsweise nicht warst: WM-Finale 2014 im Maracanã. Vorbereitungen für die Siegerehrung. Miroslav Klose sitzt auf dem Rasen. Betrachtet das Gras. Das dauert lange. Schüttelt immer wieder leise den Kopf. Betrachtet das Gras. Versucht zu begreifen, was passiert ist. Er ist Weltmeister geworden, mit 36.

Und dann wird dieser stille, echte Moment überlagert durch das übliche »Simply The Best« oder »We Are The Champions« aus der Musikanlage des Stadions, oder? Ich weiß nicht, wie oft ich das gehört habe. Und wenn es einen Grund gibt, dass ich darüber froh bin, keine Finals mehr kommentieren zu müssen, dann wäre es dieser: nie mehr »Simply The Best« oder »We Are The Champions« hören zu müssen.

Nach dem WM-Finale lief »Summer« von Calvin Harris.

Ich war nicht dabei. So ist mir auch das entgangen. Aber um an ein Spiel zu erinnern, bei dem du sicher nicht warst: Champions League 2003, Real Madrid gegen AC Milan. Bei Real war der Argentinier Redondo zu einer Art Weltstar geworden, ein großer Künstler und zugleich Teamplayer, eine Seltenheit. Und er war tief drin in der Herzkammer der Madrilenen, die liebten den. Dann war er nach Mailand gewechselt, aber hatte sich das Kreuzband gerissen und gleich danach noch mal, ein Drama. Er hat in Mailand also zwei Jahre kaum gespielt und hat sich erst jetzt ins Team gekämpft, rechtzeitig zum Spiel bei seiner alten Mannschaft.

Die gute alte Geschichte einer Heimreise.

Aber diese hatte ihre eigene Pointe. Nach dem Spiel, der Rasen ist leer, die Fans singen noch ein bisschen. Ich bin auf meinem Platz und packe mein Zeug. Auf dem Monitor läuft die Zusammenfassung aus dem Studio, und ich sehe so über den Rand des Monitors, wie sich auf dem Platz noch mal was tut. Es erscheint Raúl, der Kapitän von Real, und Redondo ist bei ihm. Und dann passiert etwas ganz Ähnliches wie damals in Dortmund: Raúl schiebt Redondo auf den Platz, die Fans sehen das, warmer Applaus, Sprechchöre. Und als Raúl merkt, dass Redondo von ganz allein weitergeht, geht er selbst wieder vom Platz runter, zurück in die Kabine. Und Redondo wackelt zu den Fans und lässt sich feiern. Für die

Zeit, die er bei Real war. Für die Freude, dass er wieder spielen kann und man sich jetzt auch mal wiedersieht. Ein großer Moment, voll Wärme und Würde. Im AC-Mailand-Trikot steht Redondo vor seinen alten Fans aus Madrid und schaut aus Kinderaugen.

»Die kleinen Dinge erkennen und ihre Größe begreifen«, habe ich mal gelernt.

Ich erinnere mich gar nicht so sehr an große Spiele, sondern an große Momente in manchmal auch kleinen Spielen. Du musst die kleinen Dinge sehen, ja. Sonst sind sie weg. Ich habe immer gesagt: Auf Siege musst du dich nicht vorbereiten, aber auf Niederlagen. Totengesänge muss man vorher einüben. Und nicht aus dem Moment heraus emotional über die Grenzen gehen, dann wird es pathetisch. Pathos killt die stille Würde solcher Momente. Wenn etwas passiert, frage ich mich automatisch: Was hat das mit mir zu tun? Klose, der da sitzt und die Halme zählt, weil er nicht begreifen kann, was passiert ist. Erkenne ich mich in dem wieder? Oder Redondo und Paul Lambert, auf dem Weg zu den Fans. Habe ich das auch schon mal erlebt, nicht genauso, aber in einer anderen Situation oder so ähnlich? Von der Masse gefangen zu werden und es zulassen müssen? Oder zulassen wollen? Und wenn ich es erlebt habe, dann hat der Zuschauer es vielleicht auch erlebt. Die Masse muss ja nicht die Belegschaft eines Stadions sein. Sie kann auch die Gästemenge bei einer Familienfeier sein oder eine Schulklasse.

In Zeitungen stehen manchmal sogenannte Ich-Geschichten. Sie können berührend sein, weil der Autor von sich erzählt. Oder sie können eitel sein, weil der Autor von sich erzählt. Im geschriebenen Journalimus braucht es einen guten Grund für das Ich.

Am Mikro geht es manchmal nicht anders. AC Mailand gegen Juventus Turin, Champions-League-Finale in Manchester 2003. Am Ende gewinnen die Mailänder. Wir sind jetzt schon wieder in der zauberhaften Phase nach dem Spiel, und wir sind bei dem, was wir für echt halten. Mailands Kapitän Paolo Maldini führt das Team zur Siegerehrung. Sein Vater, der große Cesare Maldini, hatte den Pokal vor Jahrzehnten gewonnen, die Schwarz-Weiß-Bilder hängen überall auf dem Vereinsgelände. Und jetzt kriegt der junge Maldini diesen Pokal, als Kapitän. Er stemmt ihn in die Luft und schaut auf die Tribüne hoch, da sitzt sein Vater. In dem Moment schießen mir die Tränen in die Augen, mein eigener Vater war ein paar Jahre vorher gestorben, und ich sage: »Schauen Sie auf Maldini! Was er sagt? Das, was ich gerade auch ab und zu sage: Papa! Guck!«

Oh Mann.

Ich bekomme immer noch Gänsehaut, wenn ich an Maldini denke.

Was man seinem toten Vater zuruft. Und was man, als kleines Kind, schon seinem Vater zuruft, einer der ersten Sätze: Papa, guck.

Wie etwas anfängt und wie etwas aufhört. Da hat alles zueinandergepasst, da wurden sämtliche Handlungsfäden sauber miteinander vernäht, und da hat mich die Szene getröstet. Papa, guck.

Teamgeist

Wofür Mannschaften da sind

Sinn und Zweck des FC Bayern

Es gibt Menschen, die der Ansicht sind, ich hätte zeitlebens parteiisch kommentiert, nur der FC Bayern hätte einen Platz in meinem bösen Herzen, ich hätte besser als Getränkewart beim FC Bayern arbeiten sollen. Dabei hat dieser Job mich nie gereizt. Ich bin geboren als Marek Nathan Reif, das haben wir dann im Laufe der Zeit ein wenig eingedeutscht, aber das Echo in den Kurven wollte mir einreden, mein wahrer Vorname sei »Bayernsau«. Mit »Bayernsau Reif« bin ich in den Bundesligastadien gern und oft begrüßt worden, außer beim FC Bayern. Dort galt ich gelegentlich als Bayernhasser. Ich erinnere mich an einen Bayernfan, der bei einem Spiel mal vor dem Ü-Wagen von *Sky* auf mich wartete, ich dachte, er wollte ein Autogramm, aber ihm ging es darum, mir Hinweise zu geben, wie ich das bevorstehende Spiel begleiten soll: »Reif! Heit kommentierst aber ausnahmsweise mal objektiv für die Bayern.«

Jeder hört aus so einem Kommentar das heraus, was er heraushören will, und wenn du mich fragst, ob ich eine Nähe empfinde zu den Bayern, eine Nähe, die meinen Kommentar beeinflusst hätte? Dann kann ich sagen: Abgesehen vom Spiel hat nichts meinen Kommentar je beeinflusst, keine Drohung eines Präsidenten, kein Bestechungsversuch mit prachtvollen Wimpeln oder gefüllten Fresskörben zu höheren Feiertagen. Bestechen lassen habe ich mich in Warschau, aber da war ich sechs. In Warschau gibt es diesen Zuckerbäckerpalast, den die Sowjets den Polen geschenkt haben, Spitzname »Stalintorte«. In der Stalintorte sind Theater und Kinos untergebracht, und früher war da auch ein Friseur drin. Wir haben sonntags Kinderfilme geschaut, und einmal im Monat ging es zum Friseur. Ich wollte nicht zum Friseur, bekam aber im Café dann immer einen heißen Kakao zur Belohnung. Jetzt kann ich ja sagen, was der Denkfehler all der Vereine war, die mich später gefügig machen wollten: Sie haben es nie mit heißem Kakao probiert.

Wer sich einwickeln oder kaufen lässt, ist erledigt. Was das angeht, ist mein Gewissen rein und weiß. So weiß wie die Trikots des 1. FC Köln in den Anfangsjahren der Bundesliga, als sie die großen Meister waren und der FC Bayern noch gar nicht mitspielen durfte.

Die Frage hat sich nie gestellt, wie nah ich einen Verein an mein Herz lasse. Eine Ausnahme ist der 1. FC Kaiserslautern, der hat mein Leben gerettet. Was sich, nach Ansicht der Funktionäre des 1. FC Kaiserslautern, in meinen Kommentaren allerdings dann auch nicht entsprechend abgebildet hat. Sie hatten das Gefühl, ich wäre für die Rettung meines Lebens nicht dankbar genug gewesen. Wenn du Kommentator bist, muss dich irgendwann die halbe Liga verabscheuen. Ich korrigiere: die ganze Liga. Das ist anstrengend, aber wenn es anders wäre, hätte der Kommentator etwas falsch gemacht.

Was ich am FC Bayern tatsächlich immer geschätzt habe – dass sie diese Mischung hinkriegen. Zwischen Tradition und Gegenwart, zwischen Folklore und Weltoffenheit. Eine Verbindung schaffen zwischen Lederhose und Champagner – das ist ja eine Kunst. Auf meine Kommentare wirkt sich das nicht aus. Wenn Fehlpässe gespielt werden, und auch beim FC Bayern werden Fehlpässe gespielt, macht man es nicht besser, wenn man den Zuschauern erzählt: Das, was Sie da von den Bayern gerade sehen, ist zwar Graupenfußball, aber wie sie die Verbindung hinkriegen zwischen Lederhose und Champagner – Respekt. Bei öffentlichen Diskussionen habe ich allerdings gelegentlich gesagt, dass mir die Philosophie des FC Bayern gefällt, und natürlich merkt man dann immer gleich dieses gewisse Angewidertsein im Publikum, je weiter im Norden oder Westen man sich gerade aufhält. Zischen, schweres Atmen. Manchmal räuspert sich auch jemand. Hörbar. Der deutsche Mensch ist mit dem Talent gesegnet, sich sehr betont räuspern zu können. Mit Blick auf den FC Bayern würden sich manche gern übergeben, belassen es dann aber beim Räuspern.

Beim FC Bayern haben sie zum richtigen Zeitpunkt oft das Richtige gemacht, anders als die Kölner, die zwischenzeitlich sehr tief im Nichts versunken sind. Es waren bei den Bayern und in ihrem Umfeld immer die passenden Figuren am Ruder, schon der alte Manager Robert Schwan hatte ganz am Anfang das richtige Gefühl für die Bedeutung der Bundesliga. Seine Erkenntnis: Das wird mehr als eine neue Spielklasse, in der die Regionalligen zusammengeführt werden. Die Bundesliga wird die Menschen bewegen.

Die Bayern sind im richtigen Moment immer in die richtige Richtung abgebogen, und natürlich haben sie auch Glück gehabt mit ihren Spielern. Von allen goldenen Generationen, die auf den Plätzen der Welt ihr Unwesen getrieben haben, war diese Generation der Sechziger- und Siebzigerjahre die goldenste. Ohne diese Bayern wäre Deutschland nicht Europameister 1972 geworden, nicht Weltmeister 1974. Nur noch mal die Namen: Franz Beckenbauer aus Giesing, Sohn eines Postobersekretärs. Gerd Müller, aus Nördlingen verpflichtet, Ablösesumme 5000 Mark. Georg Schwarzenbeck, der als Kind bei einem Verein mit dem schönen Namen *Sportfreunde München* gespielt hat. Klingt wie aus einem Kinderbuch. Sepp Maier, in Niederbayern geboren. Paul Breitner aus dem Alpenvorland, Kolbermoor. Du liest die Namen und Orte, und du merkst, wie viel Bayern da drinsteckt und wie viel München. Wie ein Wasserzeichen liegt der Name *Bayern München* über den Biografien dieser Spieler.

Womöglich hat auch der Weltgeist ein bisschen daran mitgewerkelt, in München wäre als Vertreter des Weltgeists das Münchner Kindl für solche sagenhaften Twists zuständig, die Wappenfigur der Stadt. Franz Beckenbauer hätte, seiner Herkunft entsprechend, eigentlich bei 1860 landen müssen, aber dann hat ihm bei einem Jugendspiel einer von denen eine Watschn verpasst, eine Ohrfeige, deshalb ist er zu den Bayern. Und bei Gerd Müller standen die Sechziger auch schon im Vorgarten mit ihren Vertragsentwürfen, aber die Bayern waren eine Stunde schneller, so sagt es die Legende. Und in dieser einen Stunde hat sich die Fußballgeschichte dann gedreht und ein bisschen auch die Fußballweltgeschichte.

Die Alten sind alle irgendwie noch da. Neulich war ich auf dem Vereinsgelände, da kommt mir Katsche Schwarzenbeck entgegen, der mal der Putzer des Kaisers war, aber vor allem ein Vorstopper von Weltklasseformat. Seinen Schreibwarenladen in der Ohlmüllerstraße hat er schon lange aufgegeben, aber er kümmert sich immer noch um die Nachlieferungen von Papier und Blöcken für den FC Bayern. Sie könnten das von Externen erledigen lassen, aber es erscheint mit seinen Filzstiften und Kugelschreiberminen immer noch der alte Schwarzenbeck. Und wenn man noch Radiergummis bräuchte, Schwarzenbeck wüsste sicher, wo man den Stoff herkriegt. Wobei ich im Moment nicht mit Gewissheit sagen kann, ob es Radiergummis überhaupt noch gibt.

In München müssen sie für einen Lastenausgleich sorgen, München ist schon mit seinem ländlichen und alpinen Umfeld anders als Madrid. In München kannst du nicht wie in Madrid sagen: Wir sind eine Millionenmetropole, der Rest ist uns wurscht. In München kannst du nicht, wie bei Arsenal, diese Eintrittspreise verlangen. Wer in London mit seinem Kind ins Emirates-Stadion geht, ist mit allem Drum und Dran leicht 100 Euro los. Welcher Arbeiter kann das aufbringen? Fußball war ein Arbeitersport, der erst mal sehr nach Schweiß gerochen hat, aber dann fanden die anderen den Schweiß gut, die Frauen fanden den gut und die Intellektuellen fanden ihn ganz prima. Und jetzt? Fangen wir an, von unten zu kürzen, indem wir die Arbeiter über die Eintrittspreise von den Stadien fernhalten. Die Folge sieht man bei Arsenal: Wenn die nicht gut spielen, ist die Atmosphäre so kalt, so tot – man denkt, es wäre die Pestilenz ausgebrochen.

Die Bayern haben den Fußball vor Jahrzehnten aus dem Arbeitermilieu herausgeführt und sind trotzdem ein Verein geblieben, für den sich auch Menschen erwärmen, die *Schumann's Bar* noch nie von innen gesehen haben. Die Bayern sind Rekordmeister, vor allem sind sie Großmeister des Fusionierens, wie es ja schon als Auftrag im Vereinsnamen steht: Bayern + München. Das ist ja fast so etwas wie urbi et orbi. Die ländliche Tradition Bayerns mit dem Glitzern Münchens in Berührung bringen, Gestern und Gegenwart, Reich und Arm.

Diese Stadt hat ja eine plumpe Folklore, auf der anderen Seite ein Schickimickitum wie keine andere Stadt in Deutschland. Der Kern Münchens ist ganz klein. Im Ruhrgebiet glauben sie immer, das ist ein Moloch, München. Aber eigentlich ist München ein Scheinriese, wie der aus der Augsburger Puppenkiste. Am Platz vor der Theatinerkirche steht die Feldherrnhalle, sie ist nachempfunden der Loggia dei Lanzi in Florenz. Und die Residenz sieht aus wie der Palazzo Pitti in Florenz. Beim AC Florenz spielte der große Brasilianer Sócrates, der uns auf zauberische Weise durch mehrere Episoden in diesem Buch begleitet. Sócrates war der König von Florenz, und die Bayern hätten dessen Bruder verpflichten sollen, Raí, Weltmeister von 1994. München und Florenz. Da wäre die Stadtgeschichte tatsächlich und endgültig mit der Vereinsgeschichte fusioniert worden. Aber Ludwig I., der die Stadt ausgebaut und größer gemacht hat, hat in Uli Hoeneß sowieso seinen Wiedergänger gefunden, der den Verein ausgebaut und größer gemacht hat.

Uli Hoeneß? Man könnte moralisieren und sagen: Er hat Millionen Steuern hinterzogen, er darf nicht zurückkommen. Aber, aus fußballerischer Sicht, ist das zu kurz gegriffen. Die Fans und Vereinsmitglieder des FC Bayern wollten ihn zurück. Sein Gefängnisaufenthalt ist kein Makel für sie. Sie glauben, dass die Zeit im Gefängnis eine Erfahrung ist, von der am Ende der Verein noch profitieren könnte. Hoeneß' Weitsicht, Hoeneß'

Blick auch für die Schwachen. Hoeneß' innere Stärke. Diese Art Resozialisierung funktioniert nur im Fußball, aber wir reden ja hier vom Fußballfunktionär Hoeneß und nicht vom Ministerpräsidenten. Und der Fußballfunktionär Hoeneß ist lebenswichtig für den Klub, als Präsident und Oberfusionierer. Als Brückenbauer. Der Brückenbauer ist inzwischen wichtiger als der Beckenbauer. Denn in diesen Jahren geht es um das große Ganze, nicht nur bei den Bayern. Sie haben schon oft vor entscheidenden Weggabelungen gestanden. Aber so entscheidend für die Zukunft, jetzt die richtige Abzweigung zu erwischen, war es noch nie.

Wo wollen wir hin? Wollen wir ein normaler, global handelnder Verein werden, mit Büros und Niederlassungen in Schanghai und New York? Oder schauen wir auch nach Rosenheim? Werden wir ein kalkulierendes Unternehmen? Oder darf es auch immer noch etwas volkstümlich sein, romantisch, kindlich? Ein bisschen Weltkonzern, aber ein bisschen auch *Sportfreunde München.*

Karl-Heinz Rummenigge ist eher der Mann, der die Welt im Blick hat, Uli Hoeneß schaut sich in der Region um, die beiden werden ihre Ansprüche und Arbeitsfelder fusionieren müssen. Die Frage ist, wie lange das trägt. Wenn ein junger Fußballer wie Paul Pogba, der noch nichts gewonnen hat, für 105 Millionen Euro zu Manchester United wechselt – wie verhält sich dazu der FC Bayern? Wann schnappt die Pogba-Falle zu?

Sie können natürlich sagen: Diesen Irrsinn machen wir nicht mit. Aber irgendwann beginnt die normative Kraft der Tabelle zu wirken. Und wenn in der Champions League nur noch die Vereine vorne sind, die sich die Pogbas leisten können, wird auch in München irgendwann die Debatte um die Pogbas losbrechen. Brauchen wir so einen nicht auch? Warten wir, bis im Nachwuchsleistungszentrum ein eigener Pogba heranwächst? Oder müssen wir einen Pogba kaufen? Die großen Fusionisten vom FC Bayern werden ihren Anhängern keine Scheinwelt herbeizaubern können, in der man mit einem Platz im Champions-League-Viertelfinale glücklich wird. Gewinnen wollen die Bayern am Ende schon.

Die Bayern haben immer eine Chance gehabt, gegen Real und Barcelona, gegen die Italiener, die Engländer. Dort war mehr Geld, aber die Münchner haben das mit Verstand und klugem Wirtschaften ausgeglichen. Das berühmte Festgeldkonto. So haben sie mitgehalten mit Vereinen, die anders ausgestattet waren oder wagemutiger gekauft haben. Die anderen hatten halbseidene oder wenigstens merkwürdige Bauunternehmer als Präsidenten, oder die Stadt kaufte ihnen das Trainingsgelände ab, oder es gab Geld aus China und Katar. Während in München die alten Helden, der Franz und der Kalle und der Uli, den Laden am Laufen gehalten haben. Sie haben auch Weltklassespieler gekauft, für viel Geld, aber die Summen waren nicht ganz so pervers, und sie haben sich von den Weltklassespielern nicht ganz so abhängig gemacht. Sie haben, umgekehrt, manchmal aus Weltklassespielern Herzensmünchner werden lassen. Franck Ribéry. Das Meisterstück Münchner Fusionskunst. Das muss man hinkriegen, einem Straßenkicker aus Boulogne-sur-Mer seine Straßenwürde zu lassen, und gleichzeitig wächst er zum Idol der Menschen aus Grünwald und Obersendling. Ein zugereister Urbayer. Dass es so was gibt.

Aber sie werden alle älter. Der Franck, aber vor allem der Uli, der Kalle, der Franz. Sie sind alle auf ihre Art gezeichnet. Und sie müssen sich Gedanken machen, wie es mit den Bayern weitergeht. Denn der Weg der Bayern kann der Weg des Fußballs an sich sein.

Beim Münchner Kindl, beim Katsche und beim König Ludwig: Sie sollen bei der nächsten Abzweigung das Glück haben, das sie immer hatten. Das wäre mein objektiver Wunsch für die Bayern.

Frei laufende Bullen

Seit wann gibt es Traditionalisten? Gab es 1959 schon Traditionalisten, die gesagt haben: der Fußball, wie er 1927 gespielt wurde – er fehlt uns so?

In Leipzig wollen die Menschen gern Erste Liga sehen. Warum auch nicht, warum sollen die das nicht wollen? Da sagen die Traditionalisten – und sie fangen ihre Sätze grundsätzlich mit »Ja, aber« an: Ja, aber in Leipzig, da gab es doch so schöne Traditionsvereine. Lok Leipzig und Chemie Leipzig.

Nun, die gibt es auch heute noch, die spielen in der fünften, sechsten, siebten Liga, so viel Ignoranz gönne ich mir. Denn bei den Spielen dieser Mannschaften fliegen Hubschrauber während des Spiels über den Kartoffelacker, auf dem sie sich bekriegen. Das ist der Traditionsfußball in Leipzig. Und dann rufen die einen bei Gelegenheit: Wir sind Lokisten, Mörder und Faschisten. Hat natürlich sehr viel Charme, für die Traditionalisten.

Auf der anderen Seite gibt es in Leipzig ein prima Stadion. Wurde sinnfrei für die WM 2006 da hingebaut, in der Hoffnung, dass irgendwann einmal ein Erstligist in Leipzig heranwächst. Und siehe da: RB Leipzig wuchs heran und spielt seit 2016 in der Bundesliga. Ja, aber das ist doch nur eine Marketingmaßnahme für Red Bull, sagen die Traditionalisten, das ist doch grauenvoll. Nun, es gehen aber 45 000 Menschen in das Stadion, wenn RB Leipzig in der Bundesliga spielt, sie freuen sich, haben glänzende Augen, haben ihre Kinder dabei und Schals. Keine Waffen: Schals.

Das ist nachhaltiger als zum Beispiel die Weltmeisterschaften in den vergangenen Jahren. Da waren die Gastgeber oft Staffage, und sie haben draufgezahlt. In Leipzig bleibt den Leipzigern was, schon das erste Jahr in der Bundesliga hat etwas hinterlassen, Bilder, Momente, Stolz.

Sagen die Traditionalisten: Die Leipziger freuen sich, aber das ist doch furchtbar. Das ist doch alles nur finanziert von den Brausemillionen dieses Herrn Mateschitz, und wenn der keine Lust mehr hat, dann ist das alles in Leipzig ganz schnell wieder kaputt. Nun, mit den Brausemillionen ist da ein Trainingszentrum hingebaut worden, hochmodern, das ist ganz schön geworden. Das steht da jetzt, und das packt der ja nicht einfach ein und nimmt es mit, wenn er irgendwann mal geht. Ja, aber dieser Dosenklub nimmt jetzt einem Traditionsverein den Platz in der Bundesliga weg, Stuttgart, Hannover, Kaiserslautern. Das ist doch schrecklich.

Sorry, aber der VfB Stuttgart ist nicht in der Zweiten

Liga, weil RB Leipzig in der Ersten ist. Das ist Unsinn. In Wahrheit ist Stuttgart eine der potenziell reichsten Städte auf diesem Planeten. Gebettet in einen Talkessel, wo alle versammelt sind. Wer nennt die Namen, wer nennt die Firmen? Mercedes, Porsche, die wissen nicht, wohin mit ihrem Geld. Man müsste sich nicht mal irgendwohin durchstellen lassen, man müsste nur aus dem Fenster rufen: Hey, wir brauchen noch mal fuffzich. Ein Klub mit einer elendiglich langen Tradition, ein modernisiertes Stadion. Menschen, die auf den Knien nach Cannstatt robben, wenn es gut läuft. Alles wäre möglich. Aber dann holen sie einen Trainer, holen den nächsten Trainer, holen den nächsten Trainer. Jeder trainiert mit eigenen Ideen, und dann gibt es ja immer parallel noch Sportdirektoren, die auch ihre eigenen Mannschaften planen und bauen. Und am Ende ist da ein Kader, den schaut sich der dann schon wieder nächste Trainer an und fragt den dann schon wieder übernächsten Sportdirektor: Wer hat den Verteidiger dahinten geholt? Was soll der hier?

Dass das in Stuttgart jahrelang so gelaufen ist – dafür ist aber nicht der Herr Mateschitz verantwortlich. Und Herr Mateschitz kann auch nichts dafür, dass man in Kaiserslautern für anderthalb Spiele bei der WM 2006 das Stadion vollkommen bekloppt und überdimensioniert ausgebaut hat. In diesen Steinen ruht die Erste Liga. Die Gebeine einer ganzen Region ruhen da.

Herr Mateschitz hat gesagt: Ich verstehe nichts vom

Fußball, und dann hat er jemanden geholt, der sehr viel davon versteht, den Sportdirektor Rangnick. Das Einzige, was Mateschitz ihnen als Rucksack aufbindet, ist: Bevor er 80 ist, würde er gern noch mal was gewinnen. Bis es so weit ist, wird dort Fußball gespielt, zum Teil so ansehnlich, dass die Dortmunder zu Saisonbeginn mit so 'nem Hals zurückfahren aus Leipzig und die Hamburger zu Hause den Hosenboden versohlt bekommen. Von einer Mannschaft mit einem Durchschnittsalter von 24 Jahren, die keine Bundesligaerfahrung hat, die aber super trainiert und organisiert und ausgebildet ist.

Ist das anrüchig? Ist es verboten, wenn ich mir eine Mannschaft zusammenstelle, die es kann?

Sagt der Freiburger Trainer Christian Streich: »Kompliment. Mit unendlichen Möglichkeiten muss man erst mal Unendliches schaffen.« Streich, den die Traditionalisten jederzeit als einen der ihren verstehen und adoptieren würden. Aber er ist, in dieser und in vieler Hinsicht, mehr. Unendliche Möglichkeiten? Sagen die Traditionalisten: Ja, aber mit Geld kann jeder Idiot sich Erfolg zusammenkaufen. Nun, es gab in der Geschichte der Bundesliga viele Idioten, die den Erfolg kaufen wollten, die meisten haben es nicht geschafft und nebenbei noch ihr Vermögen ruiniert. Und sehr viele Idioten waren bei Traditionsvereinen am Werk. Aber Leipzig? Erzähle mir keiner, dass da nur gekauft wird. Sondern: Leute, die es können, machen mit dem Geld richtige Dinge. Und wie darauf reagiert wird, ist verlogen. Vor ein paar Jahren hat 1860 München ein Testspiel vereinbart, gegen RB Leipzig. Darauf entstand im sogenannten Netz und in den sogenannten Foren ein sogenannter Shitstorm, den wir gern wörtlich übersetzen wollen. Ein Scheißesturm brach los. Skandal! Die Traditionalisten sagten: Ein anständiger Verein wie Sechzig spielt nicht gegen einen Retortenklub wie RB Leipzig. Ein anständiger Verein, der sich selbst vom Geld eines Jordaniers, den viele für einen Scheich halten, hat retten lassen müssen. Ein anständiger Verein, den dieser Jordanier vor sich hertreibt und zur Witznummer macht.

Dann sagen die Traditionalisten das, was sie immer sagen, wenn ihnen sonst nichts mehr einfällt: Im Fußball geht es nur noch um Geld. Nun, natürlich ging es den Leuten von Red Bull um Geld, wie es allen Investoren im Fußball um Geld geht. Was ist daran jetzt schlimm? Sollen wie die Kräfte der freien Marktwirtschaft außer Kraft setzen? Sonst gelten sie überall, aber im Fußball hebeln wir sie aus?

Wer es anders möchte, kann sich ja anderswo bedienen. Jeden Sonntag spielen irgendwelche Regenbogenmannschaften auf irgendwelchen Biotopen. Rote Pumpe Wiesengrund gegen Traktor Ackerkrume. Wunderbar. Sollte nicht der Profifußball überhaupt verboten werden? Doch. Last uns alles verbieten. Ist das nicht am Ende alles Werbung für Red Bull und Mateschitz? Ja, natürlich. Die sind nicht nach Leipzig gegangen, um den Menschen Freude zu machen. Die sind dahingegangen, weil sie eine Region gesucht haben, wo das Umfeld so ist, dass man in absehbarer Zeit Erstligist werden kann.

Dass sie dann nach Leipzig gegangen sind, ausgerechnet nach Leipzig, nimmt einiges an Schärfe schon mal raus. Denn Leipzig war Diaspora. Die Idee war: Wir machen für uns Marketing. Die wurde laut und deutlich verkündet. Deswegen heißen die RB Leipzig. Oder sollen die es Hotzenplotz Leipzig nennen, nur damit niemand erfährt, wer das Geld reinschießt?

Ja, aber das ist doch alles reines Marketing, sagen die Traditionalisten. Nun, wenn eine Idee reines Marketing ist, dann geht es darum, den Menschen so viel Spaß zu machen, dass sie einen verteidigen. Die Strategen von Red Bull wollten den Leuten nicht in erster Linie Freude machen, aber dass sie ihnen Freude machen, ist ein schöner Effekt. Bei RB Leipzig hast du eine Wagenburg gegen den Rest der Welt. Vom Bürgermeister bis zum Schuhputzer.

Ein paar Leipziger Traditionalisten, die allerdings die Tradition des Faustkampfs weiterpflegen wollen, sind sehr dagegen, weil sie ein wenig aus dem Fokus geraten.

Sinn und Zweck von Borussia Dortmund

Die Bayern spiegeln das, was in München wichtig ist. Es gibt eine Identität in dieser Stadt, die Bayern wissen: So müssen wir sein. München ist Erfolg, der FC Bayern ist Erfolg. Mia san mia. Ich weiß nicht, wann sie damit angefangen haben, sich diesen Slogan unter den Kragen zu sticken, aber sie tun es mit aller Berechtigung. Früher, als sie noch Werbung für einen Hersteller von Nutzfahrzeugen gemacht haben, haben sie es mal mit »Wir sind die Bullen« probiert, aber das hörte sich noch spätpubertär an. »Mia san mia« ist grundsätzlicher, erwachsener. Souveräner.

Anderswo ist es umgekehrt, da ist der Klub identitätsstiftender als die Stadt. Dortmund ist ein gutes Beispiel, der Slogan »Echte Liebe«. Was steckt dadrin? »Echte Liebe« ist weniger eindeutig auf Momente des Erfolgs gemünzt, weil die Dortmunder wissen, dass dauerhafter Erfolg in ihrem Fall nicht garantiert ist wie der dauerhafte Erfolg der Münchner. Es kann in Dortmund

Dellen geben, und es hat in der Vergangenheit Dellen gegeben, ausgewachsene Beulen, daraus haben sie gelernt. »Echte Liebe« bedeutet, dass es auch erlaubt ist, miteinander zu heulen und zu trauern. Hauptsache, man tut das, was man tut, gemeinsam und from the bottom of the heart.

»Echte Liebe« ist ein Spiel mit der Idee, dass ein Gefühl am Ende wertvoller ist als eine Bilanz, die Solidarität lebendiger als die Sammlung kalter Pokale in der Vitrine. Wenn die Bayern keinen Erfolg haben, bricht das Höllenfeuer los. Wenn die Dortmunder keinen Erfolg haben, können sie sich an der echten Liebe immer noch aufrichten und festhalten. Das musst du ja hinbekommen, wie im letzten Jahr von Jürgen Klopp. Runterknallen auf den letzten Tabellenplatz und dich dann mit demselben Trainer Stück für Stück wieder hocharbeiten und da rausmalochen. »Mia san mia« ist eine Identität, die sich aus den Erlebnissen und Ergebnissen und Erfolgen im Alltag immer wieder neu bestätigt. »Echte Liebe« kann sogar durch Niederlagen gefestigt werden.

Sie haben sich in Dortmund eine Idee gegeben, denn sie haben verstanden, was man in dieser Gegend machen muss, damit die Leute mitgehen, damit sie auch ein bisschen Geduld haben. Und sie sind aufs Fröhlichste belohnt worden dafür. Dahinter steht ein sensibles Gespür für das, was so eine Region ausmacht, was sie verlangt, was sie will.

Das Stadion in Dortmund ist das faszinierendste, das ich kenne, in seiner Größe und dem Habitus dadrin – da findet man europaweit und vielleicht weltweit wenig Vergleichbares. Ob es das schönste ist, weiß ich nicht. Aber da unten zu stehen, wenn es voll ist: Das ist atemberaubend, da kriegt man so ein Grummeln im Bauch, wie beim Achterbahnfahren. Es ist ein Sog. Und weil es in Dortmund ja immer voll ist, hat man jedes Mal dieses Grummeln. Nou Camp in Barcelona ist auch schrecklich groß und zieht sich nach oben hin, aber es hat eine etwas rundere Anmutung. Du fühlst dich der Stimmung nicht ganz so ausgeliefert wie in Dortmund. Und wenn dann die Süd noch ihren Radau macht – das ist schon einzigartig.

Die waren fast pleite, da fehlten nur wenige Zentimeter bis zur Kreisliga C. Gläubigerversammlung am Flughafen Düsseldorf damals, 2005. Wenn da drei, vier Leute die Hand anders heben: weg. Die hatten nichts mehr, nur Schulden wie ein Koksbaron. Die Mannschaft war mittelmäßig. Und das dann so umzudrehen – im internationalen Fußball müsste man länger rumlaufen, um einen Verein zu finden, der das auch geschafft hat. Und dann machen sie daraus auch noch ein Kapitel aus ihrer Per-aspera-ad-astra-Erzählung und veranstalten vor dem Champions-League-Finale gegen Bayern 2013 einen Medientag, wo sie die Wiederauferstehung feiern und wo der Boss Hans-Joachim Watzke sagen darf: »From Ground Zero to Wembley.« In den Zeitungen steht etwas von der »inzwischen legendären Gläubigerversammlung« damals in Düsseldorf. Im Fußball ist schnell mal jemand legendär, eine Person, ein Trainer. Aber eine Gläubigerversammlung zur Legende zu erklären, das kriegen sie auch nur in Dortmund so hin.

Sie haben auch nach dem Crash immer wieder vor Weggabelungen gestanden, und wie die Bayern haben sie fast immer die richtige Abzweigung erwischt. Oft die Champions League erreicht, mit Klopp den richtigen Trainer geholt, der den Wahnsinn lenkt, leitet. Sie haben das Ruhrgebiets-Currywurst-Aroma verbunden mit den Prinzipien eines klar strukturierten Wirtschaftsunternehmens. Die Dortmunder Klubführung schafft es, sich hervorragend in einem Nebenraum um die Geschäfte zu kümmern und den Eindruck zu erwecken: Alles geschieht aus echter Liebe. Also, die weichen Faktoren wie Region und Fankultur in Berührung zu bringen mit Marketing und Kalkulation. Möglicherweise ist das die Formel: die Dinge fusionieren.

Bei Aki Schmidt, bei Emma und beim Florianturm: So kann man es machen.

Nahe, fremde Nebenmänner

In der letzten Zeit gibt es eine neue Art von Mannschaftsfoto, die beiden gegnerischen Teams stellen sich vor dem Spiel gemeinsam auf. Die Engländer und Franzosen haben das im November 2015 so gemacht, nach den Attentaten von Paris. Der Bogen über dem Wembleystadion war blau-weiß-rot beleuchtet, die Fans hatten Transparente dabei, auf denen stand »United we stand«. Ein Bekenntnis und eine Aufforderung. Die Spieler stellten sich gemeinsam auf, als wären sie eine einzige Mannschaft. 20 Spieler, zwei Torwarte.

Fußballer, überhaupt Sportler, waren und sind Profiteure der freien Welt, sie können zwischen den Ligen und Ländern hin und her wechseln, nichts hindert sie. Früher war das anders, die DDR-Spieler blieben in der DDR, die Kubaner in Kuba, und als die ersten sowjetischen Eishockeyspieler in die nordamerikanische Profiliga wechselten, war das noch ein politisches Ereignis. Wjatscheslaw Fetissow, Verteidiger aus der sowjetischen Wundermannschaft, genannt *Red Army*, ging 1989 zu den New Jersey Devils. 1989 war das Jahr, in dem sich vieles drehte, Mauerfall, Kalter Krieg zu Ende. Die Sowjets in der NHL waren das Symbol einer neuen Ära. Etwas Beunruhigendes schien für alle Zeit überwunden.

Vielleicht geht gerade etwas zu Ende. Vielleicht war diese friedliche Phase der vergangenen Jahrzehnte ein Fenster, das vorübergehend geöffnet war, und jetzt schließt es sich wieder. Terror, IS, dieses neue schwer durchschaubare Verhältnis in den Beziehungen der Supermächte.

Dass die Franzosen sich 2015 mit den Engländern zusammen aufstellten, war die Geste von Profis, die in ihren Vereinen sowieso zusammenspielen. Aber vor einem Länderspiel war das Bild neu und ungewohnt. Ein Jahr später stellten sich die Amerikaner mit den Mexikanern vor einem Länderspiel gemeinsam auf, das Spiel fand statt zwei Tage nach der Wahl von Donald Trump zum US-Präsidenten, einem Mann, der im Wahlkampf versprochen hatte, eine Mauer an der Grenze zu Mexiko hochzuziehen. Die Fußballer bildeten eine einzige große Mannschaft, vielleicht ein Protest gegen Trump, auf jeden Fall ein Kommentar zu Trump: Wir wollen keine Mauer.

Solche fusionierten Nationalteams gab es früher nicht. Dass es sie jetzt gibt, ist ein gutes Zeichen: Den Fußballern ist das Leben drum herum nicht komplett egal. Dass es sie jetzt gibt, ist ein schlechtes Zeichen. Wenn gegnerische Mannschaften sich vor dem Spiel zu einer einzigen Mannschaft vereinigen, ist das immer ein Hinweis darauf, dass gerade etwas passiert ist. Diese neuen Mannschaftsbilder sehen rührend aus und ein bisschen romantisch. Aber sie sind auch ein Indiz für den unromantischen Zustand der Welt.

Krutow, Larionow, Makarow

Um an ein gutes Eishockeyspiel ranzukommen, muss ein Fußballspiel schon alles aufbieten. Eishockey: bildschöne Kerle in Montur, die es sich richtig verpassen, grandiose Spielzüge, ich habe Eishockey immer geliebt. Einen Menschen, der zum Sport keinen Bezug hat – nimm ihn mit zum Eishockey. Es gab diese Zeit, als die Russen noch die Sowjets waren, frühe Achtziger, im Angriff spielten Krutow, Larionow, Makarow, kurz KLM. Die KLM-Reihe kannte damals jedes Kind, auch in Deutschland, die Übertragungen kamen live, am Nachmittag, das Programm wurde dafür komplett freigeräumt. Die Spieler gaben damals noch keine Interviews, es wurde in den Drittelpausen nicht von Experten alles durchanalysiert und vorgekaut. Der Zuschauer sah etwas, und was er sah, wurde nicht entmystifiziert durch ewiges Gerede. Der Zuschauer erlebte Krutow, Larionow und Makarow nur in ihrer Rolle als Spieler, die verdienten ihr Geld noch nicht in der amerikanischen Profiliga und saßen also nicht in den amerikanischen Talkshows, die man in Deutschland sowieso nicht anschaute. Jeder kannte Krutow, Larionow, Makarow, aber kaum einer in Deutschland hatte sie je reden gehört. Sie waren Phantome. Der Zuschauer sah ihr Spiel, das formvollendete Miteinander der *Red Army*, und er staunte, weil er nicht begreifen konnte, wie perfekt Menschen ein Spiel spielen können.

Das Poetische am Eishockey ist, dass man erst mal etwas können muss, was keiner von Geburt kann: Schlittschuhlaufen. Das hat sowieso schon etwas Märchenhaftes, wie diese Kühlschränke übers Eis gleiten. Und dann immer auch die Spannung durch das Gegenteil dieser Eleganz: das Archaische, das Rauflustige. Wenn du unten an der Bande stehst und die rauschen da rein, das sind Geräusche, bei denen du denkst, das Haus fällt zusammen.

Wenn die Sowjets in Fahrt kamen, dann lief alles wie vorprogrammiert, aber auf einmal verschärften die dann noch mal das Tempo. Das Geräusch ihrer Schlittschuhe auf dem Eis, es klang wie ein Sirren, so ein ganz klarer, hoher Ton. Ich habe den heute noch im Ohr. Das ganze Spiel kriegte dann einen anderen Aggregatzustand. Wenn sie Überzahl hatten, fingen die an, ihre Überlegenheit auszuspielen, aber nicht brachial, da war nur noch Schönheit in Bewegung. Die anderen Mannschaften, die Deutschen etwa, griffen dann nicht mehr an, sie waren wie gelähmt und haben gehofft, dass das an ihnen irgendwie vorüberzieht.

Schwierig war es immer, wenn ich nach längerer Zeit in Fußballstadien mal wieder Eishockeyreporter war. Hundert verschiedene Leute, die da mit verschiedenen Nummern rumturnen, ständig neue Spieler, viel zu schnell, der Ball viel zu klein. Ach, das ist gar kein Ball? Man muss ein Eishockeyspiel anders kommentieren als ein Fußballspiel. Solange gespielt wird: keine langen Sätze. Bis man den Satz zu Ende hat, fallen drei Tore. Solange gespielt wird: absolute Reduktion des Kommentars. Nur in der Wechselpause, wenn es eine Unterbrechung gibt und die über die Bande klettern, kann man alles herbeten, was man sich aufgeschrieben hat, man kann es sogar in goldene Lettern gießen, so viel Zeit wird sein.

Andersrum, vom Eishockey zum Fußball zu kommen: total entspannend. Wenig Spieler, immer dieselben, ein Riesenball, alles noch mal in Zeitlupe. Was soll einem Reporter beim Fußball eigentlich passieren?

Eines der schönsten Eishockeyspiele war das letzte, das ich kommentiert habe, das Finale der schönsten Olympischen Winterspiele ever, 1994 in Lillehammer. Wintersport coming home. Das war von der Stimmung her so wie Fußball in Italien. Und Olympische Spiele – wenn sie gut laufen – hatten eine Grundstimmung, da ergab sich so eine rauschhafte Strömung, und die trug einen. In Lillehammer war ich komplett im Eishockey-Modus.

Im Finale spielte Schweden gegen Kanada. Am Ende

eines solchen dreiwöchigen Turniers hast du drauf, wer da spielt, du musst die Rückennummer gar nicht mehr sehen, du erkennst an der Art, wie die sich den Schweiß aus der Stirn wischen: Ah, das ist der Sorokin, der Forsberg, der Schwindelquist. Die Kameras waren auch schon sehr gut, scharfe Bilder, und vorm Penaltyschießen am Ende dieses großartigen Finals zeigt die eine Kamera, wie der schwedische Trainer die Nummern für die Schützen aufschreibt, nur die Nummern. 12, 8, 26, 21. Ich war so sehr im Turnier, ohne auf mein Blatt zu gucken, konnte ich die Nummern in Namen übersetzen und sagen: »Loob, Svensson, Naeslund, Forsberg, so fangen sie beim Penaltyschießen an.«

Ob das irgendein Zuschauer mitgekriegt hat oder ob ihm das irgendwas gegeben hat? Egal. Für mich war es wichtig. Kommentieren ist immer dann schön, wenn man etwas sieht und es in Echtzeit in Gesprochenes übertragen kann, ohne erst mal in drei Kilo Notizen wühlen zu müssen. Noch mal Kürten, sein alter Ratschlag: »Du musst als Reporter auf dem Spiel sitzen.« Wenn man weiß, wovon man redet, wenn man sich sicher ist – dann beginnt eine Befreiung, erst dann kriegt der Kommentar eine persönliche Note, einen Charakter. Das ist wie bei einem geschriebenen Text, bei dem die Ironie ja auch nur wirkt, wenn der Leser spürt: Der Autor ist Herr des Geschehens. Seine Kenntnis verschafft ihm die Legitimität, sich über dies und das zu erheben.

Eishockey. 1985 spielten die Tschechen, damals noch ČSSR, im entscheidenden Spiel der Weltmeisterschaft gegen die Sowjets, in Prag. Die Tschechen trugen ihre Akzentzeichen wie kleine Kronen auf den Namen, Růžička, Králik, Lála. Sie spielten gegen Krutow, Larionow, Makarow und die anderen. Klein gegen Groß, Macht gegen Ohnmacht, Gut gegen Böse, das ist ja die innere Dramaturgie legendärer Spiele, nicht nur im Fußball. Und legendäre Spiele haben oft eine Verbindung zur Welt außerhalb des Sports: Der Einmarsch des Warschauer Pakts in Prag war noch keine 20 Jahre her. Man kann die Kriegssprache aus dem Reporterwortschatz streichen, wie man will, das Publikum wird gedanklich immer das, was in der Politik passiert, mit dem verlinken, was da auf dem Platz oder Eis vor sich geht.

Die kleinen Tschechen haben damals dieses WM-Spiel gegen die großen Sowjets gewonnen; bei der Siegerehrung danach hatten die Sowjets ihre roten Helme in den Händen, und es wirkte so, als wären die Helme schwer wie Bowlingkugeln. Unvergessliches Bild. Sämtliche Zuschauer in Prag, 12 000 Menschen in der Halle, standen auf und sangen die tschechische Hymne. Niederlagen, die einen kaltlassen, sind schlimm. Siege, die einen kaltlassen, sind schlimmer. Und diese Hymne hat mich gepackt, die ist so Smetana-moldaumäßig, da könnte ich heulen. Da kriege ich immer noch Gänsehaut. Ich habe sie auf meinen iPod geladen, sie erinnert mich an einen Tag im Leben.

Sendezeiten

Fernsehfußball, damals und jetzt

A proposito

Die Sportredaktion des *ZDF* in den Achtzigern und frühen Neunzigern hatte einen speziellen Ruf, man merkt das immer, wenn einer von den früheren Kollegen runden Geburtstag hat und in den Zeitungen ein paar Kränze geflochten werden. So frech wären wir gewesen, steht da, revolutionär, so respektlos. Wir müssen, so liest sich das, eine Heavy-Metal-Band gewesen sein, wenigstens Grunge. Die Leute erinnern sich daran, dass Beckenbauer mich mal einen Zauberer genannt hat, sie erinnern sich an das Interview von Harry Valérien mit dem lodernden Paul Breitner an einem Pool in Spanien, sie erinnern sich an die *Sportstudio*-Kommentare von Michael Palme. Werner Schneyder machte Jahreszusammenfassungen, der sehr junge Günther Jauch moderierte das Sportstudio. Wir hatten Wühler und Kärrner und Feuilletonisten. Oder: Wir hatten Bläser und Streicher und Hilfsgeiger und auch immer jemanden an der Pauke. Das war eine erlesene Kapelle, diese Redaktion, und um dem Bild von der Kapelle nachträglich einen Sinn zu geben, kriegen wir die Kurve und sagen: Auch mit Musik haben wir das Publikum erreicht und angesprochen. Wir haben es jedenfalls versucht.

Mal etwas weg vom Fußball: Barcelona 1992, Olympische Spiele. Ich war damals nicht Kommentator, sondern habe die Leitung der Sendung gemacht. Am Regiepult sitzen, das war für mich eine ganz neue Disziplin. Und ich hatte auch die entsprechenden Leute, Jochen Bouhs zum Beispiel, mit dem konntest du Pläne machen, oder um es ganz fett zu sagen: Mit dem konntest du was schaffen. Wir hatten damals den Wahn, der gesamten *ZDF*-Berichterstattung von den Spielen ein geschlossenes künstlerisches Konzept zu verpassen, wir wollten die Sache chic machen. Es gab kleine Rubriken, Glossen von Hennes Gally, Kurzreportagen von Michael Palme, die nannten wir *a proposito* oder *noticias.* Und wir hatten uns überlegt, diese Formate immer mit einer eigenen Musik anklingen zu lassen, eine Art Jingle, und waren dabei auf die Gypsy Kings gekommen, die waren damals sehr populär. Wir hätten auch Paco de Lucía nehmen können, aber das kam uns dann doch zu hochkulturell vor. Also die Gypsy Kings. Die kamen zwar nicht aus Barcelona, nicht mal aus Spanien, sondern waren französische Roma. Aber sie spielten so, wie Barcelona klang. »Bamboleo« war damals ein Welthit, das hatten die Leute in den Sommern davor in allen Straßencafés gehört, es klang gefällig, aber nicht billig und unheimlich fröhlich. Die Gypsy Kings sollten für die musikalische Untermalung unserer Konzeptberichterstattung aus Barcelona sorgen.

Wie kommt man jetzt ran an die Gypsy Kings? In solchen Angelegenheiten war Jochen Bouhs unübertroffen, der hat gekurbelt, der hatte seine Kontakte, und irgendwann sagt er: »Es ist so weit. Wir treffen die am Samstag in Würzburg.« Da spielten die, es kam zum ersten persönlichen Kontakt, wir sagten, was wir uns überlegt hatten. Danach zeichneten wir ein Konzert in Sevilla mit denen auf, für unsere Auftaktsendung von den Olympischen Spielen. Riesenaufwand. Aber wenn ich mich jetzt so reden höre, spüre ich, mit welcher Liebe dieses ganze Team bei der Sache war.

Die Gypsy Kings waren von unserem Projekt allerdings etwas überfordert, das waren rührend unsichere Menschen, nicht daran gewöhnt, dass jemand ihre Konzerte fürs Fernsehen aufnimmt. Die sahen aus wie Tote, als wir uns denen vorstellten: bleich, schweißnasse Hände. Aber es hat alles geklappt, das Konzert in Sevilla war ein großes Fest, und dann haben die uns auch die Jingles für unsere verschiedenen Programmpunkte eingespielt. Ganz kurze Stücke, aber ihr Soundtrack lag sehr dezent über zweieinhalb Wochen Olympiaberichterstattung im *ZDF*.

Barcelona 92 war ein absoluter Traum, wir waren alle in einem Schaffensrausch. Wir durften machen, was wir wollten. Gally hatte seine Kolumne, die wirklich witzig war, und journalistisch hatten wir Glück. Die amerikanischen Basketballer waren die Stars damals, Michael Jordan, Magic Johnson, diese Kategorie. Das Dreamteam. Sie wohnten nicht im Olympischen Dorf, sondern mitten in der Stadt. Magic Johnson erzählte in einem Interview: »Neulich war ich mit tausend Leuten essen. Das Lustige war: Sie durften nicht rein ins Restaurant, aber sie haben durch die Scheibe zwei Stunden zugeschaut, bis ich wieder rausgekommen bin. Das war auf den Ramblas oder wie das heißt.« Und die Schwimmerin Dagmar Hase, Deutschland-Ost, saß mit ihrer Goldmedaille bei Jauch im Studio und heulte, weil sie die Funktionäre aus Deutschland-West so verachtete und von denen auch zurückverachtet wurde.

Musik und Sport, nächstes Beispiel. Alberto Tomba, der italienische Slalomfahrer. Tomba la Bomba genannt, mit aller Berechtigung. Ich kannte den ein bisschen, wir konnten uns auf Italienisch unterhalten, und gleich bei unserem ersten Interview hatte ich mich nachhaltig in Erinnerung gebracht. Ich wollte von ihm wissen, was sein Geheimnis sei, italienisch: sein segreto. Ich fragte aber in der Aufregung des Augenblicks nach seinem secreto. Deutsch: Sekret. Das hat ihm sehr gefallen. Und wo wir das Thema Sekret schon gestreift hatten, fragte er mich am nächsten Tag, ob er sich mal meinen Lancia Delta Turbo leihen könnte, den ich damals fuhr. Gebraucht gekauft, gar nicht teuer. Es gebe da eine junge Frau, mit der wolle er etwas unternehmen. Ich muss heute davon ausgehen, dass Alberto Tomba eine Schöne aus der Gegend in meinem Auto zu höheren Weihen geführt hat. Wenig spricht dagegen, und am nächsten Tag war der Autoschlüssel an der Rezeption meines Hotels wieder da, alles in Ordnung. Plus eine Autogrammkarte: »Per Marcello, il piu bello.«

Auf jeden Fall habe ich bei der Ski-WM in Beaver Creek einen Bericht über ihn gemacht, Trainingsbilder, O-Töne, und am Ende hatte ich eine Sequenz gebaut: Tomba fährt Slalom, und weil er ja Italiener ist, lege ich eine wunderbare Verdi-Ouvertüre darunter, Nabucco. Ich spiele den Slalom in Zeitlupe ab und time das so, dass alles klingt und schwingt. Am Ende kommt er im Ziel an, reißt – noch fahrend – die Stöcke hoch, und mit dem letzten Ton verklingt auch dieses Rennen.

Abends bin ich im Hotel, die Leitungen waren so gestöpselt, dass wir *ZDF* empfangen konnten, da kommt mein Stück über Tomba, der letzte O-Ton, dann nichts mehr. Kein Verdi. Ich renne zu den Chefs in der Regie, Rainer Deike ist verantwortlich. »Warum habt ihr das abgeschnitten, seid ihr wahnsinnig?« Sagt er: »Cineastischer Scheiß.«

Wir waren eine tolle Kapelle damals. Rainer Günzler, ist der noch ein Begriff? Autotester, Tenniskommentator. Es gab ein Sandplatzturnier in Berlin. Im Hintergrund fährt am Rand der Tennisanlage ein Zug vorbei. Der Studiomoderator gibt ab nach Berlin: »Zu unserem Reporter Rainer Günzler! Rainer, wir sehen dahinten einen Zug vorbeifahren, was können Sie uns dazu sagen?« Günzler: »Ein Zug.« Pause. »Wir wissen nicht, woher er kommt.« Pause. »Wir wissen nicht, wohin er fährt.« Pause. »Aufschlag: Kreyenberg.«

Früher konntest du im Prinzip alles machen.

Der große Rolf Kramer zum Beispiel. Wenn in einem Fußballspiel Manfred Kaltz am Ball war, sagte er »Kaltz«, und dann sagte er zehn Minuten nichts mehr, sondern ließ das Spiel wirken. Rolf hatte Panik vor Hunden und vorm Fliegen. Ich habe immer gesagt, der hat deshalb Panik vorm Fliegen, weil er Angst hat, dass er auf ein Tierheim stürzt. Damals gab es in der *ZDF*-Sportreportage schon die Rubrik »Sport aus aller Welt«, Hundeschlitten aus Alaska und andere eher entlegene Disziplinen. Da war ich schon nicht mehr beim *ZDF,* hab das aber immer noch geschaut, weil ich ja wusste, was die alten Kameraden da so treiben. 20 Mark, wenn du das und das sagst. So lief das. Das waren so alberne Mutproben für Erwachsene. Beim Hundeschlittenrennen siegte also John McDoodle mit dem Führerhund Kramer-Rolf. Ich höre das und denke: Wie hieß der Hund? Kramer-Rolf? Ach du Scheiße. So was Verrücktes macht man heute einfach weniger.

Neulich haben sie im *NDR* einen Rückblick gezeigt, 50 Jahre Sport im Norden, mit einem legendären Beitrag, an den sich viele erinnern. Der Kollege Wolfgang Biereichel hat 1991 einen Film über den Bundesligaabstieg des FC St. Pauli mit »It's All Over Now, Baby Blue« unterlegt, von Them. Irres Lied, Van Morrison.

Großer kleiner Film. Kein Gelaber aus dem Off, nur die Bilder der Spieler, die Gesichter der Fans. Die wischen sich mit ihren braun-weißen Schals über die Augen, weinen in ihr Bier. It's all over now. Kleine Idee, fucking brillant. Es gibt kaum was Emotionaleres als ein schönes Bild, das eine Geschichte erzählt, und dann eine Musik, die das Ganze noch ein kleines bisschen weiterdreht.

Wird heute kaum noch gemacht. Weil es cineastischer Scheiß ist? Weil man das dem Publikum nicht mehr zumuten kann? Weil das zu viel Zeit frisst? Du schaust dir die Beiträge von damals an und fragst dich, warum das alles weg ist.

Die Gypsy Kings spielen immer noch, vor zwei Jahren haben sie einen Grammy gekriegt. Die Gypsy Kings sind geblieben.

Falsche Neun

Wer bei einem Fußballspiel von Lufthoheit redet, macht es sich zu leicht. Er schaut vor dem Spiel einen Bericht über Aleppo in der Tagesschau, in dem die Rede davon ist, wer die Lufthoheit hat – und danach setzt er sich ans Mikro und quasselt von Lufthoheit, weil einer ein Kopfballduell gewonnen hat. Den Begriff »Schuss« kann man aus der Sportsprache nicht mehr streichen – das zu versuchen wäre albern. Nicht nur eine Kugel, die den Lauf einer Pistole verlässt, ist ein Schuss, sondern auch ein Ball, den ein Stürmer beim Fußball mit dem Huf aufs Tor befördert.

Aber Lufthoheit? Ich habe den jungen Kollegen immer gesagt: Auch wenn ihr zu Hause redet, redet so, dass es erträglich ist. Mit dem Bäcker, mit der Frau, mit den Kindern. Die Sätze schön sinnvoll beginnen und sauber enden lassen, zwischen Dativ und Genitiv unterscheiden. Nicht sprachlich zwei Welten bedienen. Privat verbal die Sau rauslassen, Keilschrift sprechen und im Studio dann für die Galerie formulieren – das kriegt man nicht hin. Sorgt dafür, dass eure Sprachmuster in Ordnung sind. Keine Lufthoheit, kein Blitzkrieg, keine Abwehrschlacht. Denn wenn am Mikro der Stress kommt, fallt ihr erst recht in Schludrigkeiten zurück. Und komm mir nicht mit massierter Abwehr, weil du jetzt gerade Reporter bist. Du *gibst* dann nämlich nur den Reporter und redest das Zeug nach, das alle reden.

Im Moment ist eine Formulierung sehr angesagt: Er stellt auf 1:1. Irre. Erzählt doch das, was ihr seht: Er macht das 1:1, er schießt den Ausgleich. Jedes knappe Spiel ist jetzt – Achtung – ein ganz enges Höschen. Wenn das einer *mal* sagt, ist es okay, aber daraus wird immer schnell eine Epidemie, alle sagen es dann. Alle sagen auch »La-Ola-Welle«, was aber Schwachsinn ist, es bedeutet übersetzt ja: die Welle-Welle. Und das kann kein Mensch ernsthaft sagen wollen.

Ich glaube, dass jetzt etwas kippt. Bisher waren es Phrasen, bei denen man den Kandidaten fragen konnte: Sag mal, du hast das doch schon 400-mal gehört, hast du nicht selbst das Gefühl, man könnte das normal sagen oder anders sagen? Im Augenblick sind die Kommentatoren, wenn sie nicht das enge Höschen auf die Leine hängen, verrückt nach diesem pseudowissenschaftlichen Fachvokabular. Dieses berühmte Umschaltspiel nach wahlweise Pressing oder Gegenpressing. Da fängt die Reporterkunst an, sich von dem zu entfernen, was meiner Schwiegermutter etwas sagt. Aber sich beim Fußball vom breiten Publikum zu verabschieden ist keine gute Idee. Die Leute steigen in bestimmten Momenten aus dem Reporterflow aus, weil man ihnen etwas zumutet, mit dem sie nichts anfangen können.

Die Reporter im Fernsehen reden immer davon, dass die Zuordnung nicht stimmt, in allen möglichen Situationen stimmt die Zuordnung nicht, und das ist regelmäßig Unsinn, denn oft verteidigt jemand im Raum. Aber es gibt dieses ewige Reden von Zuordnung, und im Tiefenrauschen schwingt eine Botschaft an das Publikum mit: Meine Damen und Herren, das ist für Sie jetzt nicht so leicht zu erkennen gewesen, weil Sie ja alle keine Experten sind, aber ich sag Ihnen jetzt mal, um was es geht. Glauben Sie mir: Es ist die Zuordnung. Damit verabschiedest du dich aus deinem Job. Es ist nicht der Job des Kommentators, so zu reden wie die Trainer. Es ist sein Job, den Leuten das zu übersetzen, was die Trainer sagen. Der Kommentator soll vermitteln zwischen dem Ereignis und dem Publikum. Aber wenn die Trainer sagen: Die und die stehen hoch, dann reden die Kommentatoren auch so. Die stehen hoch. Heißt aber: Sie verteidigen weiter vorne. Ganz einfach.

Es ist ein geheimer Dialog mit den Laptop-Trainern und ihren Epigonen, in den die Reporterkollegen da eintreten. Sie wollen denen klarmachen: Ich habe dich verstanden, deswegen rede ich so wie du, vom Verschieben und Umschalten und von der falschen Neun und der abkippenden Sechs. Es wird angelaufen, hinterlaufen, verschoben. Dinge passieren zwischen den Linien,

Zielstürmer werden gesucht – furchtbar. Wichtig ist auch, dass immer irgendjemand »unterwegs« ist. Gut oder schnell oder sonst was. Hauptsache, er ist unterwegs.

Pep Guardiola hat es im Manipulieren der Medien zur Meisterschaft gebracht. Ein Mann, der in München kein einziges Eins-zu-eins-Interview gegeben hat. Auf diese Weise und durch diese Verknappung hat er eine Aura entwickelt, er hat sich mystifiziert wie keiner zuvor in der Liga. Pep Guardiola, dem man als Reporter hätte sagen müssen: Was glaubst du eigentlich, wer du bist? Du warst ein guter Kicker, bist ein richtig guter Trainer, hattest Schwein, bei Cruyff lernen zu dürfen. Und jetzt tust du so, als hättest du nicht den Ball erfunden, sondern das Runde an sich, die Erde, die Welt. Alles.

Weil er ja nicht gesprochen hat, hat ihm keiner widersprochen, und wenn er dann ab und zu wenigstens in der Pressekonferenz was gesagt hat, dann kriegte das eine Wucht, eine Bedeutung, dass die Reporter sich dachten: Ach, wenn ich vielleicht diese Sprache lerne, wenn ich auch in die Richtung denke – vielleicht akzeptiert der mich dann. Aber am Ende war es so, dass die einen mit dem anderen nicht mehr umgehen konnten, Guardiola und die Reporter und alle anderen Guardiologen hatten sich gegenseitig aneinander erschöpft, man hätte sämtliche Kontrahenten vom Platz tragen können, mit der Bahre.

Mit der Bahre? Mein Chef Dieter Kürten damals

beim *ZDF* war ein großer Sprachpfleger, dem entging nichts. Er hat, nachdem ich irgendwann davon gesprochen hatte, dass die Sanitäter mit der Bahre kommen, sofort angerufen. »Sag nicht immer Bahre, wenn du Trage meinst. Sanitäter kommen mit der Trage. Hörst du? TRAGE! Wenn sie mit der Bahre kommen, hast du ein größeres Problem.«

Schnellinger – ausgerechnet Schnellinger

Es gibt Spiele, an die jeder eine Erinnerung hat, sie sind wie die Mondlandung, der Mauerfall, Obamas Inauguration. Man weiß, wo man den Moment erlebt hat. Für meine Generation gehört das WM-Halbfinale 1970 dazu, Deutschland gegen Italien. Es gibt diese Spiele, von denen alle reden, und in der Regel sind es nicht die Finals, eher die Halbfinals: Deutschland gegen Frankreich 1982; natürlich Brasilien gegen Deutschland 2014, aber 1970 fand das Jahrhundertspiel des vergangenen Jahrhunderts statt, von dem der berühmte Karl-Heinz Schnellinger später sagen sollte: Es war ein Scheißspiel. Denn in den ersten 90 Minuten passierte fast nichts. 1:0 für Italien, aber dann machte er, Schnellinger, Sekunden vor Schluss das 1:1. »Schnellinger – ausgerechnet Schnellinger«, sagte der Reporter Ernst Huberty.

Drei Worte, trotzdem eine Formulierung für die Ewigkeit. »Ausgerechnet Schnellinger.« In dieser Wendung verbindet sich die Information, wer der Schütze ist, mit der Einschätzung, warum es so ein Weltwunder ist, dass ausgerechnet Schnellinger dieses Tor geschossen hat. Ausgerechnet Schnellinger, einer der torungefährlichsten Fußballer aller Zeiten. Ausgerechnet Schnellinger, der vorher in sieben Jahren gerade drei Mal getroffen hatte, er spielte in Mantua, Rom und Mailand. Ausgerechnet Schnellinger, der früh von Köln nach Italien gewechselt war, schenkte den Italienern eins ein.

»Ausgerechnet Schnellinger«, ein demütiger Gruß an die Wortschöpfer und Sprachforscher und Pointenspürhunde in den Kommentatorenkabinen der Gegenwart. Entspannt euch. Ihr macht das Spiel nicht größer durch euer Gerede. Es ist umgekehrt: Wenn das Spiel groß genug ist, werdet ihr am Spiel wachsen.

Ich saß mit ein paar Kommilitonen in meiner Mainzer Bude, wir rauchten Gauloises und tranken; keinen Alkohol, sondern Tee. Wir verbanden das Revolutionäre mit dem Bürgerlichen. Cigarettes and tea. Wir debattierten und sahen dieses Spiel, ich erinnere mich an die Werbebanden im Aztekenstadion. Martini rechts, Martini links, Martini muss den halben Werbeetat des Jahrzehnts für diese Weltmeisterschaft ausgegeben haben. Ausgerechnet Schnellinger sorgte dafür, dass das Spiel in die Verlängerung ging, in der es dann zur Legende heranwuchs. 3:4, es dauerte ewig. Und als das Spiel gespielt war, wurde ich überwältigt. Cigarettes and tea and Schnellinger.

Ich stürzte aufs Klo und kotzte alles raus. So habe ich das Jahrhundertspiel erlebt.

Die Stille nach dem Schuss

Es gibt einen Satz des Filmregisseurs Christian Petzold über unseren Berufsstand, ich stelle ihn mal in den Raum: »Sportreporter waren früher noch von der Wirklichkeit beeindruckt, während sie heute versuchen, die Wirklichkeit zu beeindrucken.« Ihm war das aufgefallen, als er das Pokalfinale 1973 noch mal gesehen hatte, Gladbach gegen Köln. Netzer hatte sich selbst eingewechselt und das entscheidende Tor geschossen, in seinem letzten Spiel für Gladbach. Göttliche, göttliche Komödie. Kommentator war Ernst Huberty. Und das, was Petzold beeindruckend fand, aus heutiger Sicht, war eben nicht, was Huberty gesagt hat, sondern das, was er nicht gesagt hat: »Er spricht so wenig.«

Ist es eine Kunst, zu schweigen? Ich denke, dass man den Wert des Schweigens erkennen muss, um dem Fußball gerecht zu werden. Und am ehesten nimmt man ihn ernst beim Tor oder bei der Schlussapotheose, wenn sich die große Gruppe der Fußballer auf dem Platz teilt, in Sieger und Verlierer. Es gibt in einem Fußballspiel nichts, was so sehr für sich stehen muss wie die Trauer der einen und die Seligkeit der anderen, und das sind nun mal die Momente nach einem Tor. Im Gefolge eines Tores entstehen Bilder, die für sich sprechen. Und ich werde immer noch wahnsinnig, wenn ein Tor fällt und die Kommentatoren quasseln und labern drüber und grölen in den Torjubel rein.

Schau dir die alten Sachen an, Rudi Michel im WM-Finale 1974, das entscheidende Tor. Er sagt: »Bonhof – Müller: und zwei – eins!« Dann siehst du Gerd Müller über das Feld hüpfen, er hüpft und hüpft, und das Nächste, was du hörst, ist der Stadionsprecher. Die Zeitlupe läuft, und der Stadionsprecher sagt, sehr korrekt: »Niederlande gegen Bundesrepublik Deutschland: eins zu zwei.« Klingt wie aus einem Metalleimer gesprochen.

Das habe ich den jüngeren Kollegen immer vorgespielt, um zu zeigen, wie man es früher gemacht hat. Das Tor ist gefallen, jetzt darfst du dich mal zurückhalten. Und mit Erklärungen kannst du anfangen, wenn die 300 Zeitlupen kommen.

Anderes Beispiel, WM-Finale 1982, auch übertragen von Rudi Michel. Tardelli macht das 2:0 für Italien gegen Deutschland, den Ball mit rechts gestoppt und mit links vom Strafraumrand geschossen. Schönes Tor. Und danach der Jubellauf: Hände zu Fäusten geballt, Augen geschlossen, Mund aufgerissen. Wie ein Irrer, das Tor hat ihn für einen Moment wahnsinnig gemacht. Und Michel nur: »Tor! Tardelli!« Genauer gesagt: »Tarrrdelli!«

Deutsche, die nicht täglich italienisch sprechen, betonen das r in italienischen Namen gern, weil sie glauben, dass das dann italienischer klingt. Eine sympathische Urlaubergewohnheit. Gardasee-Sound. Rudi Michel gönnt sich ein paar zusätzliche R. Aber der Moment gehörte dem Tor, dem Torschützen. Dem Spiel.

Dann machen die Italiener das dritte, Altobelli, und Michel sagt nicht, dass Altobelli »den Sack zumacht«, Altobelli hat auch nicht »eingenetzt« oder »humorlos vollstreckt«. Das sind Stanzen aus der Gegenwart, mit denen so ein Augenblick in der Gegenwart gern zerredet und zerstört wird.

Als Erklärung für das Gerede wird gesagt, alles sei komplizierter geworden, man müsse mehr erklären. Aber vielleicht ist gar nicht alles komplizierter geworden, vielleicht müsste gar nicht mehr erklärt werden. Vielleicht halten die Reporter einfach sich selbst für die Botschaft und nicht das Spiel. Alles muss interessant sein, da kommst du möglicherweise auf den Gedanken, dass du selbst interessant werden musst, durch irgendeine Form von Originalität.

Mein letztes Spiel, das Champions-League-Finale zwischen Real und Atlético, endete mit dem letzten und entscheidenden Elfmeter von Cristiano Ronaldo, den sahen die Leute, und ich sah von meinem Stadionplatz aus zusätzlich noch die erledigten Männer von Atlético, die standen rechts von mir. Bei denen brach an: die hohe Zeit der Tränen. Du konntest das in ihren Gesichtern sehen, zum zweiten Mal das Scheißfinale verloren, die waren am Mümmeln wie Kaninchen kurz vorm Zusammenbruch. Ich habe zu den Zuschauern am Fernseher gesagt: »Sie gucken nach links, ich hab jetzt mal nach rechts geschaut«, und das war sicher nicht originell, aber offenbar doch so überraschend, dass dieser vergleichsweise läppische Satz am nächsten Tag in den Zeitungen zitiert wurde. Als Beispiel für meine Art der Kommentiererei.

Wenn man sich alte Fußballspiele noch mal anschaut, ist alles anders. Der Kommentar, die Bandenwerbung: Sechsämtertropfen. By the way: Gibt es eigentlich noch Sechsämtertropfen? Weniger Kameras. Und bei den Zeitlupen blinkte in der Ecke immer ein R. Bei der Weltmeisterschaft 1986 warf der Stadionlautsprecher diesen eigenartigen Schatten auf den Mittelkreis, das sah aus wie der Umriss eines Strohsterns. Maradona, der große Maradona, hat diesen Strohstern als Ausgangspunkt genommen für sein Tor des Jahrhunderts damals gegen England. Und ich wette: richtige Kenner, Fußballwahnsinnige – denen musst du nur ein Bild von diesem Umriss zeigen. Was ist das? Dann sagen sie: Mexiko 1986.

Alles ist inzwischen professioneller, besser ausgeleuchtet, auch austauschbarer. Es gibt die Superzeitlupe, die angeblich alles erklärt. Eine Superzeitlupe hilft mir aber nicht immer, eine Situation zu bewerten. Im Gegenteil. Die Superzeitlupe schafft eine eigene Ästhetik der Bewegung. Wenn du ein Foul in der Superzeitlupe siehst, denkst du: So schlimm ist es ja gar nicht. Mit einer natürlicheren Geschwindigkeit und Intensität sieht das schlimmer aus, realistischer. Die Superzeitlupe schafft eine Nähe, die für die Beurteilung der Dinge oft nichts bringt.

Sind wir sentimental? Klar. Kann man die Zeit zurückdrehen? Nein. Weiß ich, wovon ich rede? Ja, denn ich habe tatsächlich mal versucht, die Zeit zurückzudrehen, als Sportchef bei *RTL*, 1997 muss das gewesen sein. Da habe ich gesagt, wir machen das Bild wieder totaler, zeigen mehr vom Feld, dann kann man die Struktur des Spiels besser erkennen. Wie die Abwehr aufgestellt ist. Mir gefiel das, den Trainerblick zu haben. Wenn ich das Spiel besser verstehe, weil ich das Ganze sehe, dann sollte man dem Zuschauer auch diese Möglichkeit geben. Das war die Idee. Ich habe dann gelernt: Damit erreichst du das Fachpublikum und vielleicht noch ein paar nerdige Romantiker, die sich für Sechsämtertropfen und Strohsterne am Mittelkreis erwärmen können und die wissen, wann sich Netzer selbst eingewechselt hat. Aber für die senden wir nicht. Jedenfalls nicht vorwiegend. Wir senden für die, die uns die Quote bringen.

Zu behaupten, dass die Zuschauer gegen mein Experiment protestiert hätten, hieße, die Wahrheit sanft zu ummanteln. Sie haben gefragt, ob ich noch alle Tassen im Schrank habe.

Emotionen in Pjöngjang

Einmal war ich in Nordkorea, organisiert hatte die Reise eine Non-Profit-Organisation, unterstützt vom Auswärtigen Amt. Sie bringen Journalisten aus Krisenländern mit Journalisten aus dem freien Teil der Welt zusammen. In meinem Fall: Nordkoreanische Fußballkommentatoren sollten lernen, wie in Deutschland Fußball kommentiert wird. Ein Workshop, ohne Bezahlung. Die Initiative ging von den Nordkoreanern aus, ein befreundeter Kollege hatte den Kontakt hergestellt. Über spezielle Formulierungen bei Fußballreportagen werde ich nicht viel erzählen können, sagte ich, mein Nordkoreanisch ist nur unwesentlich besser als mein Südkoreanisch. Macht nichts, sagte der Kollege: wird alles übersetzt.

Ich werde die Nordkoreaner bei meinem Besuch nicht zur Abrüstung zwingen können, sagte ich. Aber ich will mich auch nicht am Bau der Bombe beteiligen. Also, mein Erscheinen dort soll denen nicht das Gefühl geben, ich unterstützte das System. Es geht um die Kommentierung von Fußball, sagte der Kollege.

Wem kann es schaden, habe ich mich am Ende gefragt. Ist man ein Voyeur, wenn man sich etwas aus der Nähe anschaut? Oder überwindet man gerade das Stadium eines Voyeurs, wenn man sich etwas aus der Nähe anschaut? Sollte ein Journalist nicht grundsätzlich hinschauen, wenn die Tür zu einem geheimen Ort einen Spaltbreit aufgeht?

Flug nach Pjöngjang, via Amsterdam und Peking. Ich checkte ein in meinem Hotel, 21. Stock, die anderen Mitglieder der Reisegruppe wohnten auf demselben Stockwerk. Alle weiteren Stockwerke waren dunkel. Es gibt riesige Hotels in Pjöngjang, in denen oft nur eine einzige Etage bewohnt ist. So stelle ich mir Wandlitz vor. Holzgetäfelt, der dicke Teppich, opulent, aber auf unsäglich spießige Weise opulent. Im Fernseher kam Kim Jong Un, der junge Führer: wie er sich von Militärs informieren lässt. Dann kam die nächste Sendung: Kim Jong Un, wie er sich von Militärs informieren lässt. Ich war ein paar Stunden da, aber es war schon keine Reise mehr, sondern ein sonderbarer Traum. Als ich am nächsten Morgen aufwachte, hörte ich von draußen sirenenartigen Gesang. Ein Lied gellt durch die Schluchten dieser Dreieinhalb-Millionen-Stadt, jeden Morgen von halb acht bis acht. Motivation für die Werktätigen. Ein paar Minuten habe ich auf dem Smartphone gespeichert.

Angeblich sind die Menschen in Nordkorea zehn Zentimeter kleiner als ihre Brüder in Südkorea, Folge der Mangelernährung. Ich habe in Nordkorea Menschen gesehen, die sehr klein waren. Man kriegt bestätigt, was man ahnt. Aber man weiß so wenig. Geredet wird von einer Hungersnot Ende der Neunziger, da sind angeblich eine Million Menschen krepiert. Geredet wird von Menschen außerhalb Pjöngjangs, die von Gras und Sträuchern leben. Die sieht man nicht. Du siehst im Hotel morgens die Spiegeleier – sehr, sehr kleine Spiegeleier. Du willst dir schon Gedanken machen über die kleinen nordkoreanischen Hühner, aus denen diese wahnwitzig winzigen Eier kommen. Aber das kommt dir dann auch unpassend vor.

Vereinbart war, dass ich die Gruppe nordkoreanischer Sportreporter in einem Besprechungsraum des Stadions »1. Mai« treffen würde. Eine Session am Vormittag, dann Mittagspause, dann eine Session am Nachmittag. Ich hatte DVDs dabei, der Sender hatte was zusammengestellt, Champions League, Bundesliga, FC Bayern, das Feuerwerk des Pay-TV. *Sky* in Pjöngjang. Ich führte die DVDs vor, die Nordkoreaner schauten, die Übersetzerin übersetzte. Ich erklärte, den Nordkoreanern nicht die deutsche Art des Kommentierens überstülpen zu wollen, ich habe denen das gesagt, was ich auch in der Schweiz sagen würde: Jedes Land hat seine Fernsehkultur. Ich zeige Ihnen nur, wie *wir* es machen. Vielleicht finden wir eine Schnittmenge. Ich hörte mich von der Balance zwischen Emotion und Information in Fußballreportagen reden, und im nächsten Moment dachte ich:

Was erzähle ich den Leuten hier? Ist Pjöngjang der richtige Ort, um über die Balance zwischen Emotion und Information zu reden?

Die nordkoreanischen Sportkommentatoren hatten rote Wangen. Sie schrieben alles mit, was ich sagte, beziehungsweise das, was die Übersetzerin übersetzte. Die Übersetzerin hatte vorher gesagt, sie kenne sich im Fußball nicht besonders aus. Vereinzelt gabt es Fragen, sie wurden von Menschen gestellt, denen es erlaubt war, zu fragen. Anderen war es nicht erlaubt. Die Fragen gingen in eine sehr grundsätzliche Richtung: Wie bekommen wir Emotionen in die Spielberichte, und wie bekommen wir Emotionen in die Stadien? Ich sagte, es wäre schon mal eine gute Idee, wenn man die Spiele nicht, wie bisher, morgens um neun anpfeift. Die Übersetzerin übersetzte. Ich sagte, Fans sind wichtig für Emotionen. Gibt es hier Fans? Zwölf Vereine der Ersten Liga kommen aus Pjöngjang, zwei weitere aus der Umgebung. Jede Menge Derbys. Auch jede Menge Fans?

Fans? Die wussten nicht, wovon ich spreche. Ich hatte mitbekommen, dass zwei Abende vorher bei irgendwelchen Asienmeisterschaften zwei Nordkoreaner im Tischtennis gewonnen hatten, ich habe gesagt: Die hätte ich an eurer Stelle eingeladen, ins Stadion, und dann hätte ich die in der Halbzeit interviewt. Das sind doch Idole.

Idole? Die wussten nicht, wovon ich spreche.

Ich fragte, was aus den Männern geworden ist, die

1966 mit Nordkorea bei der Weltmeisterschaft in England gegen Italien gewonnen haben. Fußball braucht Geschichten, Geschichten brauchen Idole, man transportiert Emotionen, indem man in Gesichtern liest.

Schweigen.

Ich lernte, dass in Nordkorea neben Kim Il Sung und Kim Jong Il kein Platz ist für weitere Idole.

Einer war dabei, der sprach ziemlich gut Deutsch, weil er das in Leipzig gelernt hat. Dadurch, dass einer Deutsch spricht, wird es gleich vertraulicher. Dann baute der aber in seine Sätze die Formulierungen »geliebter Führer« und »großer Führer« ein. Und du schaust ihn dir an und schaust ihm in die Augen und denkst dir, wann kommt der Moment, wo der dir sagt: Ich weiß, wie furchtbar das hier ist, aber ich habe keine Chance rauszukommen, also muss ich gucken, dass ich mich arrangiere.

Wenn ich irgendwo bin, wo ich nichts verstehe, will ich mir die fremde Sprache sofort vertraut machen. Ich bin verloren ohne Sprache. Sprache schafft Klarheit, Sprachlosigkeit beseitigt jede Klarheit. Ich war nie verlorener als in Nordkorea.

Schau, wir sitzen hier für dieses Buch, reden, tauschen Flapsigkeiten aus. Machen Witze, die Erwachsene verstehen. Geht in Nordkorea alles nicht. Gibt es nicht. Auch mit denen, die Deutsch können: geht nicht. Es gibt nichts Ironisches. Du hast natürlich tausend Fragen. Aber du überlegst sofort, in welche Schwierigkeiten du denjenigen bringst, dem du sie stellst. Und dann stellst du sie eben nicht mehr. Du schützt die anderen vor deiner eigenen Neugier, indem du schweigst. Und irgendwann hast du dann gelernt, dass du auf tausend Fragen auch nur tausenundeins Ausflüchte hören würdest.

Nach der Unterrichtseinheit wurde ich von Männern mit ernsten Gesichtern darauf hingewiesen, am nächsten Tag bitte doch mal über Emotionen zu sprechen. Ich sagte: Das habe ich heute schon drei Stunden getan, nein, sogar fünf Stunden. Fünf Stunden fast nur über Emotionen! Die Männer mit den ernsten Gesichtern betonten, sie müssten aber bitte dringend noch mehr über Emotionen hören.

Wir haben auch Fußball gesehen, live im Stadion, zwei Mannschaften, die eine in Weiß, die andere in Blau. Vermutlich der »Verein der Leichtmetallindustrie« gegen die »Auswahl der Jugendorganisation«. Vereinslogos, Abzeichen, Werbung gibt es nicht auf den Trikots. Wir saßen da, ich fragte nach dem Tabellenplatz. Ist ja eigentlich vollkommen wurscht. Aber ich wollt es halt wissen: Zweiter gegen Fünfter? Achter gegen Neunter?

Es war nicht rauszukriegen.

Auf der Tribüne in dem riesigen Stadion saßen etwa 500 Leute, Militärs womöglich, die von Zeit zu Zeit leise murmelten. Daneben ein Mensch im Trainingsanzug, vielleicht wusste der was. Noch mal, meine Frage war: Wer spielt da? Sicher kann jede Information gegen Nordkorea verwendet werden, aber in dem Fall war ich sicher, mit meiner Frage nicht in den staatsgefährdenden Bereich vorgedrungen zu sein.

Die Frage löste Schnappatmung aus bei Journalisten, Aufpassern, Übersetzern. Bis der Mann im Trainingsanzug herangewinkt wurde. Knappe Information: Dritter gegen Vierter. Und der Fußballer dahinten sei in der Nationalmannschaft. Und der da spiele in der U21.

Es gab mehrere Sessions zum Thema Emotion, sie wollten alles wissen. Sie schauten ratlos, aber in ihrer Ratlosigkeit auch unfassbar freundlich. Einmal stand eine Frau auf, Stadionsprecherin in der Schwimmhalle. Sie sei begeistert über die nützlichen Hinweise zum Thema Emotionen. Und wenn wir mal schwimmen wollten, könnten wir gern zu ihr kommen. Das war so rührend, ich kriege immer noch Gänsehaut, wenn ich an diese Frau denke.

Drei Tage und drei Nächte war ich in Nordkorea. Ich habe kleine Mädchen gesehen, vielleicht vier Jahre alt, die sich in einer Reihe aufstellten und militärisch grüßten, als eine Frau aus der Reisegruppe ein Foto von ihnen machen wollte. Ich sah draußen Frauen sitzen, die den Rasen kämmten und putzten, sie wurden beaufsichtigt von Militärs. Man liest davon, dass Nordkoreaner, die etwas Falsches gesagt haben, zum Rasenputzen verurteilt werden. Wenn man es dann selbst sieht, ist es was anderes.

Man fragt sich, und es ist von einem bestimmten Punkt an die einzige Frage, die man sich stellt: Warum tun Menschen anderen Menschen so etwas an?

Ich war in Pjöngjang im Mausoleum für die beiden Kims. Um dorthin zu kommen, muss man durch eine Schleuse, in der gigantische Windmaschinen einem den Straßenstaub von der Kleidung blasen. Ich sah die Porträts der Führer absurd weit oben hängen, die Menschen müssen hinaufschauen, sie sollen ein Gefühl für ihr eigenes Kleinsein kriegen. Ich habe ein Foto davon gemacht, die beiden Kims oben, ich unten, es ist auf meinem Smartphone. Ich habe diesem Bild einen Titel gegeben, nach meiner Rückkehr aus Nordkorea, als ich wieder unter Menschen war, die ein Gespür für Ironie haben. Das Foto heißt: »Die drei großen Führer, endlich vereint auf einem Bild«.

Im Mausoleum von Pjöngjang: eine Frau. Wie auf Bestellung fängt sie zu wehklagen an und hört minutenlang nicht mehr damit auf. Das kann man nicht erfinden, mit absolut tödlichem Ernst jammert diese Frau, und das klingt so furchtbar, da gefriert dir das Blut. Im Mausoleum liegt ein Kondolenzbuch für die großen Führer, mein Thema waren Emotionen und Empathie. Ich dachte, es wäre passend, bei meinem Thema zu bleiben. Emotionen und Empathie. Ich schrieb in dieses dicke Buch: »Dem nordkoreanischen Volk mein tiefstes Mitgefühl«.

»Du säufst zu viel!«

In der Welt des Sports wird jedem ein Kampfname zugeteilt, so wie jeder Boxer auch einen Spitznamen hat, Gentleman Henry Maske zum Beispiel. Ich war eine Zeitlang »der Pöbler«, vor allem für die Kollegen der *Bild*-Zeitung. Sie schauen sich die Spiele an, und wenn etwas Besonderes passiert, schicken sie ihre Leute los, die bauen dann eine Randgeschichte daraus zusammen. Verschiedene Vorkommnisse ließen mich zum »Pöbler« werden, sie schufen ein Gesamtbild, trotzdem war jeder Vorfall anders.

Revierderby in Dortmund, 2005, ich komme extra etwas später, damit die Kollegen von der Technik alles vorbereiten können. Das Spiel läuft schon zehn Minuten, da turnen die immer noch am Reporterplatz zwischen meinen Beinen rum und stöpseln. Ich sage: »Ihr seid doch schon seit fünf Stunden hier, was habt ihr in der ganzen Zeit eigentlich gemacht?« Das schaukelt sich hoch, die stöpseln, ich errege mich und schreie: »Jedes Mal die gleiche Scheiße! Schon wieder Zirkus mit dem

Ton. Leute, das mach ich nicht mehr länger mit.« Das geht dann alles über den Sender, am nächsten Tag steht in der Zeitung: Reif pöbelt. Wenn man will, kann man das in diesem Fall wahrscheinlich so stehen lassen.

Als es mir einmal persönlich richtig schlecht ging, musste ich nach Wolfsburg, Wolfsburg spielte gegen Kaiserslautern, denen es auch sehr schlecht ging. Ein Spiel um den Klassenerhalt, sowieso schon aufgeladen. Ich sitze da oben. Und nichts funktioniert. Nichts. Der eine winkt, der andere stöpselt, ich kommentiere und höre mich selbst versetzt, als Echo. Absurd. Also schrei ich runter und drücke leider vor lauter Weltekel den falschen Knopf: »Was ist das für ein Wichstheater hier!« Ich habe danach versucht, mich auf den Begriff »Witztheater« rauszureden. Das hat mir niemand abgekauft.

Nächster Pöbelrückfall, die *Bild* machte eine Geschichte daraus, überschrieben mit dem relativ naheliegenden Wortspiel: Das war nicht spruch-REIF. Was war passiert? Auf den Presseplätzen in Bremen sitzt man sehr eng, die hatten da immer Berge von Streuselkuchen im Pausenraum, und jeder krümelt mit seinem Kuchen an dir vorbei, andere gehen während des gesamten Spiels zur Toilette. 90 Minuten lang zieht eine krümelnde, mümmelnde Prozession an einem vorüber. Es spielt Werder gegen Schalke, 1:1, ein Konter von Werder steht vor seinem möglicherweise krönenden Abschluss, Sekunden vorm Abpfiff. Ich habe den Monitor vor mir, aber ich konnte noch nie vom Monitor kommentieren, ich brauche die Sicht aufs Spielfeld. Ich verstehe das Spiel nicht, wenn ich nur den Ausschnitt auf dem Monitor habe, so gut bin ich nicht. Ich brauche das Feld in seinem ganzen Ausmaß. Das sehe ich allerdings nicht, weil ein Kollege von einer Zeitung auf dem erneuten Weg zur Toilette kurz innehält und direkt vor mir stehen bleibt. Ich starre auf seinen Hintern. Ich rufe: »Ich arbeite hier.« Darauf er: »Ich auch.« Und ich: »Dann schleich dich und beweg deinen Arsch!« Bei den Leuten draußen kommt an, weil es über das Nebenmikro geht: »Dann schleich dich, Arsch.« Riesenskandal. Ich habe einen hochwohlmögenden Bremer Kollegen als Arsch bezeichnet, und irgendwie hatte ich das Gefühl: In Bremen haben sie mir etwas nicht verziehen, was ich nie gesagt habe.

Letzte Situation, ich bin in München, gerade on, Begrüßung aus dem Stadion. Ein Zuschauer steht fünf Meter weg und brüllt: »Reif, du Sau, du dreckige.« Ich sage mir: Komm, weghören, weghören, einfach weitermachen. Dann ist der auch einen Moment ruhig, das Spiel beginnt, das Spiel läuft, sie spielen gegen Schalke. Da fängt der wieder an, Luftlinie drei, vier Meter, gut hörbar, jedenfalls für mich. Ein Bayer. »Reif, du verdammte oide Drecksau!« So, und da drück ich irgendwann auf den Knopf und erwische wieder den falschen, weil ich mich parallel zu dem Typen umdrehe, um ihm das Passende zuzurufen.

Auf dem Bildschirm kommt also ein Freistoß von Schalke, der Schütze legt sich den Ball hin, da hören die Fernsehzuschauer mich rufen: »Du säufst zu viel!«

Danach nichts mehr, ich lasse das Publikum damit allein. Vielleicht hätte ich das erklären sollen, aber das hätte zu lange gedauert. In der Zeitung stand: Reif pöbelt. In dem Fall hatte ich einem Mann, der anderthalb Promille zu viel drin hatte, lediglich mitgeteilt, was sein Problem ist. Es war kein Gepöbel. Es war eine Diagnose.

Der Pimmel vom Papst – eine Unterhaltung über das Netz

Marcel, der Tweet »Noch unnötiger als Marcel Reif ist nur der Pimmel vom Papst« hat es zu einem gewissen Ruhm gebracht.

Ich habe ihn und andere Wortmeldungen vorgelesen, das war eine Idee von *Sky*, sie nannten es »Sky love tweets«. Kommentatoren lesen aus den, nun ja, überzeugendsten Beiträgen der sogenannten Netzgemeinde. Ich wollte das eigentlich nicht machen, aber mein Sohn hat gesagt: Mach es. Ist 'ne gute Idee.

Selbstironie als Rettung.

Wahrhaftig. Wobei: »Unnötiger als der Pimmel vom Papst« – da steckt ja noch eine Idee drin. Klassischer war ein anderer Tweet, den ich vorgelesen habe. »Reif: Alter, direkt TV ankotzen.« Da merkt man, dass so ein Twitterer keinen großen Wortschatz braucht, um zu sagen, was ist. Aus dem Tweet mal hochgerechnet: mit 500 Worten kommt man auch durchs Leben. Also wenn man vom Leben nicht zu viel erwartet.

Klingt jetzt nicht selbstironisch, sondern beinhart ironisch.

Wahrscheinlich, weil ich im Inneren nicht daran glaube, dass man mit diesen Twitterern mehr Zeit verbringen sollte als nötig. Ich bin mal im Auto zum Flughafen gefahren und habe im Radio Werner Schneyder gehört, alter Kumpel, Kabarettist, Boxexperte. Der wurde gefragt, wie er mit Kritik in den sozialen Medien umgeht. Er hat gesagt, und in seiner Antwort lag breiteste Wiener Abscheu: »Sie, san's mir bittschön ned bös, aber es ist mir vollkommen wurscht, was irgend so ein Trottel schreibt.« Und ich zucke zusammen und denk mir: Stimmt, anders kann man sich dazu gar nicht verhalten. Twitterst du?

Sehr gelegentlich.

Du also auch, mein Sohn.

Du twitterst natürlich nicht.

Ich lasse mich nicht zwingen, eine vermeintlich gemeinsame Ebene mit dieser Art Publikum zu betreten. Sobald ich damit anfange, muss ich mich äußern, statt sagen zu können: Nicht bös sein, aber mit Ihnen rede ich nicht. Wenn ich so etwas nämlich twitterte: Fünf Minuten später hätte ich die Hölle.

Shitstorm. Man nennt es Shitstorm.

Shitstorms gehen mir da vorbei, wo sie hingehören: am Arsch. Geiles Bild, oder? Klar, klüger wäre natürlich, wenn man sagte: Wissen Sie, wenn es konstruktive Kritik ist, dann kann einen das Netz durchaus bereichern und so weiter, blablabla. In den letzten zwei Jahren habe ich aber dann den Mut gefunden zu sagen: Die Leute sollen froh sein, dass in der Kiste Livefußball kommt. Und: Ehrlich gesagt sollen sie froh sein, dass ich ihnen das kommentiere. Denn das, was ich tue, kann ich. Ich kenne das Spiel, ich habe meine Hausaufgaben gemacht, es passiert nichts, was ich nicht erklären könnte. Ob das, was mir zum Spiel dann einfällt, irgendeinem Trottel aus sonst woher passt oder nicht. Um Schneyder zu zitieren: Ist mir vollkommen wurscht.

Ich zitiere: »Mann, ist der Marcel Reif ein Idiot. Man kann sich auch sein Höschen feucht lästern.«

Was bitte ist das?

Ein Tweet. Die Suche »Reif + Idiot« ist da sehr ergiebig.

Warum sollte ich mit solchen Leuten reden? Tatsächlich ist es so, dass dieser Job mir ein schönes Leben finanziert hat, und es ist ein großartiges, aufregendes Leben, Fußballkommentator zu sein. Ich habe aber auch was dafür getan. Ich kann dir die englische Liga erklären, die französische Liga, die italienische Liga von A bis Z. Die spanische auch. Fußballkommentator ist zwar eine leichte, schaumige Kunst. Aber ich habe das, was ich mache, ernst genommen. Punkt. Das heißt: Das Gelernte bringe ich den Zuschauern dar, sie können pfeifen oder klatschen. Aber warum soll ich mit ihnen in Kontakt treten?

Der Komiker Louis C. K., auch mal kurz bei Twitter, hat seinen Account schnell wieder stillgelegt. Begründung: »Been on Twitter. Made me depressive.«

Noch gesünder ist es natürlich, wenn einen das nicht depressiv macht, sondern wenn man aus freiem Willen erklären kann: Ist mir egal, was da steht.

Wäre das dann auch die Wahrheit?

Hm. Ich hab einen inneren Assimilierungsdruck, einen Ich-will-geliebt-werden-Druck, der ist vielleicht größer als bei Werner Schneyder. Meine Frau hat neulich in einer Dokumentation über mich gesagt: »Eigentlich will er von allen geliebt werden.« Warum sagt sie nicht: »Der ist so toll, jede Kritik juckt ihn null.« Nein: will von allen geliebt werden. Ich hab gedacht, ich erwürg sie, als ich das gesehen habe.

Die Frau hatte natürlich recht.

Was ich mich tatsächlich gefragt habe: An welchem Punkt haben wir uns verloren, Teile der Öffentlichkeit und ich? Die Fallhöhe war enorm. Vor Jahren noch war ich als Kommentator unangefochten. Wenn du eine Umfrage gemacht hättest, wäre der Zweite ganz hinten im Postwaggon ins Ziel gebracht worden. Und das kippte dann irgendwann.

Weil sich das Publikum verändert hat oder du?

Ich hab mich nicht verändert. Mir sind Dinge, die in der sogenannten Fankultur wichtig sind, nicht so wichtig. Ich halte Pyrotechnik nicht für notwendig, damit ein gutes Fußballspiel stattfindet. Mir ist das, was da unten auf dem Platz passiert, immer wichtiger gewesen als das Drumherum.

Jemals in einer Fankurve gestanden?

Mit der Fankurve konnte ich wenig anfangen. Die Frage hat sich allerdings auch nie gestellt, ich habe zuletzt in der C-Jugend auf der Tribüne in Kaiserslautern gestanden, damals kriegten wir als Jugendspieler Freikarten für die Spiele der Bundesliga. Später dann ging ich mit meinem Vater auf die Tribüne, dann war ich *ZDF*-Korrespondent in London und holte mir Pressetickets, und dann war ich in der Sportredaktion. Die Frage »Kommentierst du heute von der Südtribüne?« hat sich nie gestellt. Ich kann mir vorstellen, dass es eine spezielle Wärme in der Kurve gibt, aber ich mag es nicht, wenn welche dabei sind, die sich besoffen auf die Fresse hauen wollen oder die sich unbesoffen auf die Fresse hauen wollen. Das ist mir zuwider. Dieses Körperliche, in jeder Ausprägung. Ich möchte nicht verdroschen werden. Ich möchte geliebt werden, ja. Aber bitte nicht im Sinn von Liebhaben und Knuddeln, auch nicht im übertragenen Sinn. Angefasst zu werden, hat mich immer in den Wahnsinn getrieben. Meine Aufgabe als Reporter war nicht, die Stimme des Volkes zu sein, sondern den Leuten zu erklären, was da auf dem Platz passiert. Und am besten nicht in einer Sprache, die mit dem kleinsten gemeinsamen Nenner anfängt und endet. Wenn das einer nicht begreift, dann kann ich es auch nicht ändern. Ich habe mich da um Unabhängigkeit bemüht – aber so kriegst du, wenn es dann eng wird, natürlich keine Mehrheiten.

Gab es ein bestimmtes Spiel, bei dem man hätte sagen können: Hier ist etwas gekippt?

Kein einzelnes Spiel. Das war ein Prozess.

Ich erinnere mich an Spiele, die ich in Bremen gesehen habe, die Kneipe hieß »Horner Eck«. Die Meisterschaft 2004 habe ich da miterlebt, Werders 3:1 beim FC Bayern. Kommentator Marcel Reif. Als Ailton das dritte Tor machte, mit einem Kunstschuss, sagtest du …

»… heute geht ja alles.«

Ein kleiner, wahrer Satz. Kommt auch in einer Werder-Hymne vor, »Lebenslang grün-weiß«. Da wird das über die Melodie gelegt. Jedenfalls: Beim Titelgewinn 2004 war Reif auch in der Bremer Eckkneipe gern gehört. Um danach zum Feindbild zu werden: Der hasst Bremen.

War nie so. Nie. Ich fand den Klub gut, aber ich habe dann auch den Niedergang begleitet, und da war nichts zu beschönigen. Vielleicht ist das irgendwann wieder altgriechisch geworden, wo der Überbringer zum Verursacher gemacht wird, sodass sich die Wahrnehmung ausgeprägt hat: Der hasst Bremen.

Ingeborg Bachmann hat gesagt: »Die Wahrheit ist dem Menschen zumutbar.«

Ingeborg Bachmann und Fußballfans. Ich bitte dich …

Der Niedergang von Werder fiel zeitlich zusammen mit dem Aufkommen der sozialen Medien …

… Menschen können jetzt öffentlich sagen, was sie vorher nur in deiner Bremer Kneipe oder an der Dortmunder Trinkhalle oder in der Münchner Bar sagen konnten: Reif, du Arschloch. Sie sagen es in aller Öffentlichkeit und bleiben anonym. Wenn etwas gekippt ist zwischen dem Publikum und mir, dann hat das tatsächlich mit Facebook und Twitter zu tun. Wie es sich gegenseitig befeuert und aufschaukelt, der eine sagt das, der andere findet, dass das längst schon mal gesagt werden sollte. Gleich mal Fernseher ankotzen. Ich gebe zu, mich hat es beschäftigt, dass ich da plötzlich von diesem Sockel gestürzt bin. Es hat mich aber nicht ins Bodenlose stürzen lassen, denn es gab ja immer welche, bei denen ich gespürt habe: Für die mache ich's ja. Nicht für den Pöbel. Möglicherweise habe ich den Pöbel zu sehr zum Pöbel degradiert, weil er mir nicht mehr blind folgen wollte. Ihr erlaubt euch, mich anzupissen? Dann brauche ich euch auch nicht, und dann braucht euch niemand. Singt schöne Lieder. Kotzt euren Fernseher an.

Hast du jemals jemanden verklagt?

Einmal, als einer getextet hat, meine Familie solle brennen. Den habe ich ausfindig machen lassen, er ist verurteilt worden. Mehr Worte hat der nicht verdient. Ein anderer hat mal eine Mail an *Sky* geschrieben, die habe ich gespeichert, mit allen Fehlern, hier ist sie: »hallo lieber marcel, ich habe selten jemanden gesehen der so unqualifiziert für den job des kommentators ist. selbst ein hauptschüler der sisch 3 mal am tag transfermarkt.de anguckt hast mehr wissen als du es offenbar preis gibst. ich hoffe dass du den schwanzgeschmack des fc bayerns schon auf der zunge hast. ich hoffe du kannst beim fc bayern als getränkewart arbeiten und jedem spieler deinen lustttropfen der dir vor lauter fangeilheit abtropft heruntermischen.«

Oh.

Dem habe ich, ausnahmsweise, geantwortet. Hab ich auch gespeichert.

Nämlich?

»Dir hat man ins Hirn geschissen.«

Und er?

Nicht mehr gemeldet. Denkt womöglich noch darüber nach.

In England regiert der BBC-Moderator Gary Lineker, früher ein großer Stürmer, inzwischen Fußballkommentator bei der BBC, Werbe-Ikone. Eine Kartoffelchipsfirma hat eine Spezialsorte nach ihm benannt, Salt and Lineker.

Statt »Salt und Vinegar«. Wenn man das geschafft hat, dann kann einem nichts mehr passieren im Leben. Aber um es so weit zu bringen, muss man auch etwas geleistet haben. Und Lineker ist ein Phänomen. Silberne Haare, aber immer noch dieses Jungsgesicht. Ein Sympathieträger hoch zwanzig. Der hat ein naturgegebenes Talent, das haben nicht viele. Überragend, und sehr englisch. Der kann unterhaltsam sein, ohne auf Kosten anderer Leute platte Witzchen zu machen. Bei aller gepflegten Arroganz: Ich will das nicht, Leute an die Wand nageln.

Über den Verteidiger Pepe hat Lineker während der Champions-League-Finals getwittert: »Pepe is such a dick.« Später, im selben Spiel: »Pepe is an enormous dick.« Und, Wochen danach, während der Europameisterschaft: »Pepe is a gigantic dick.«

Lineker schenkt der Gemeinde eine Formulierung, die Gemeinde hypt das ohne Ende, und Wochen später nimmt Lineker das auf und setzt eine Pointe, eine letzte Steigerung. Gigantic dick.

So bringt man es auf fünf Millionen Follower.

Aber du willst nicht ernsthaft behaupten, Gary Lineker wäre so bedeutend, weil er so toll twittern kann? Tatsächlich ist die Basis von allem seine Bedeutung als Fußballspieler, er ist eine Legende. Er hat in Barcelona Fußball gespielt und die Zeit in Barcelona auch genutzt, um im Gran Teatre del Liceu Opernaufführungen zu genießen. Also ein Mann des Fußes, aber auch ein Mann des Kopfs. Danach, schon lange vor der Erfindung von Twitter, war er ein Ereignis als Fußballexperte im Fernsehen. Lineker ist größer als Twitter.

Aber zu sagen: Pepe ist ein Riesenpimmel – das klingt sehr nach Pöbel.

Lineker hat ihn deshalb so genannt, weil der sehr rustikale Pepe sich auch noch dauernd theatralisch auf dem Rasen herumwälzt, mitunter auch nach Fouls, die er selbst begangen hat.

Du hast im Champions-League-Finale gesagt: »Pepe. Das ist ein Hirte allererster Güte. Und der macht hier auf Dramaqueen.« Dramaqueen ist zärtlicher als Riesenpimmel.

Pepe ist ein miserabler Schauspieler, er mimt den Verletzten, solche Typen sind unter Fußballern nicht wohlgelitten. Also: Wenn Lineker vom gigantic dick spricht, ist das ein Spruch, wie er in einer Umkleidekabine fällt. Unter Fußballern spricht man so. Das Entscheidende ist: Um einen solchen Spruch so bringen zu können, dass er nicht anmaßend wirkt, muss man selbst in der Kabine gewesen sein. Was Lineker ja auf allerhöchster Ebene jahrelang war. Die Basis ist immer Linekers Zeit als Spieler.

Lineker kann sich erlauben, sehr deutlich zu werden …

… und jetzt nähern wir uns einem Problem. Wem sonst wird denn zugestanden, was man Lineker leicht zugesteht? Der normale Kommentator heute wird beobachtet, er wird im Netz bepöbelt, wenn er das ist, was man kritisch nennt. Oder nur aufmerksam. Unvoreingenommen. Nenn es, wie du willst. Von den Fans der einen Mannschaft wird jede Kritik des Reporters sofort bestraft. Durch die dauernde öffentliche Beurteilung des Kommentators könnte sich der Charakter von Fußballreportagen komplett ändern. Man hört als Reporter auf, dem eigenen Urteil zu vertrauen. Man berichtet so, dass man wenig Anstoß erregt. Man beschreibt das, was auch der letzte Trottel sieht. Da legt er sich den Ball zum Freistoß zurecht. Er schiebt an. Er hinterläuft. Solche Formulierungen, in jeder Reportage. Fußball zu kommentieren heute ist oft eine Nacherzählung dessen, was alle sehen. Ich kann es mir nur erklären durch die Panik vor der Reaktion draußen.

Ist ja verständlich, sich öffentlich nicht grillen lassen zu wollen.

Andererseits ist ein Kommentator, der nicht kritisieren mag, wie ein Chirurg, der kein Blut sehen kann. Da sitzen Jungs in den Kommentatorenkabinen, die offensichtlich in der Lage sind, deutsche Sätze zu bilden, die offensichtlich auch Ahnung haben von dem, was da passiert. Aber sie *kommentieren* mitnichten ein Spiel. Mitnichten. Wenn es heißt: Kommentator des Spiels ist der und der, dann steckt da ein Anforderungsprofil drin. Eine Forderung: Mach dir Gedanken zu den Bildern. Wenn einer das nicht will oder kann und er wird gefragt: Was machen Sie beruflich? Dann müsste der sagen: Ich bin Fußballbeschreiber.

Beliebig rausgegriffen aus deinen Reportagen: ein Spiel von Leverkusen. Leverkusen ist grottig, einer liegt verletzt im Gras, du sagst: »Wäre gut, wenn sie den Ball jetzt mal ins Aus spielen, das werden sie ja noch hinkriegen.«

Ja, das ist ein Kommentar. Kommentieren ist etwas anderes als beschreiben. Du wirst innerlich gefestigt sein müssen, wenn du in Zukunft Fußballspiele kritisch und mit eigenem Sound kommentieren willst, du wirst nicht Angst haben dürfen vor einem Leverkusener Shitstorm. Klingt fast wie der Name einer Schrammelband, oder? Leverkusener Shitstorm.

Anderes Beispiel. WM-Viertelfinale 1994, Deutschland gegen Bulgarien. Letschkow gegen Klinsmann im Strafraum, es gibt Elfmeter für Deutschland, aber es ist nicht eindeutig. Du sagst: »Klinsmann sank dahin, wie immer eigentlich, wie vom Blitz getroffen.« Das ist nicht patriotisch.

Und würde heute wahrscheinlich im Netz entsprechend kommentiert, da sind ja dann doch immer viele für Deutschland. Reif, du Volksverräter. Aber so was darf einen nicht berühren. Am Ende wirst du sagen müssen wie der alte Schneyder: Mir doch wurscht. Ich habe das verehrte Publikum am Ende bei *Sky* auf die Probe gestellt, wir mussten bei den Spielen immer aufsagen, was *Sky* im Internet so anzubieten hat, da gibt es ja diese Hashtags. Hashtag Skybuli zum Beispiel. Ich habe vor einem Spiel in meiner spätanarchistischen Phase beschlossen: Ich sage heute nicht Hashtag, sondern durchgehend Hacksteak.

Und? Shitstorm?

Ich hab es durchgehalten: Hacksteak Skybuli. Als stiller Gruß an alle Trottel. Hat aber keiner mitgekriegt.

Platzstürme

Was den Profifußball verändert
und bedroht

Uuuh – das Echo der Europameisterschaft 2016

»Will Grigg's on fire« haben bei der Europameisterschaft 2016 die Fans aus Nordirland gesungen. Ich habe die Melodie nicht mehr im Kopf, obwohl ich jedes Spiel am Fernseher gesehen habe. Sehr wohl weiß ich aber noch, dass dieser Will Grigg, obwohl er on fire war, kein einziges Mal eingewechselt worden ist. Die nordirischen Fans haben gesungen, aber der nordirische Trainer hat sich diesen Will Grigg nicht – Achtung, mein berühmter Wortwitz – einsingen lassen. Er ließ Will Grigg – Achtung! – auf kleiner Flamme auf der Ersatzbank schmoren. Offenbar hat der Trainer sich gesagt: Ich könnte den jetzt natürlich zweieinhalb Minuten bringen, weil es die Fans sich so sehr wünschen. Aber das mache ich nicht, aus Respekt vor dem Fußball.

Das rechne ich diesem Trainer hoch an. Dass er Will Grigg auf der Bank gelassen hat, war eine der ehrlichsten und würdigsten Entscheidungen in diesem Turnier. Es war ja, das stand jedenfalls in der Programmzeitschrift, eine Fußballeuropameisterschaft und nicht der European Song Contest. Und ich gehöre zu denen, die das eine vom anderen gern weiterhin unterscheiden würden.

Andererseits: Sogar Schweinsteiger, habe ich gelesen, ging nach dem Spiel vor die Fankurve der Nordiren und hat denen Beifall geklatscht, weil sie so schön gesungen haben. Sogar während des Spiels sei er berührt gewesen von dem Gesang. Und bei *Youtube* sangen die Sänger ja auch, in einer Regionalbahn in Bordeaux haben sie einem Baby ein Schlaflied gesungen, sie haben so laut gesungen, dass das Baby nicht in den Schlaf gefunden hat.

Wenn ich lese, wie großartig inzwischen überall gesungen wird – eine Europameisterschaft wie ein gewaltiges Freiluftkonzert –, dann staune ich über mich selbst. Oder, besser, ich frage mich, nach dreißig Jahren Kommentieren, immer dieses Rasenrechteck im Blick: Habe ich den Sinn für das verloren, was neben dem Platz vor sich geht? Sehe ich nur das eine und verliere das Gefühl für alles andere? Der raue Gesang der bierbäuchigen, zahnlückigen, angemalten, gut vorgeglühten und auch sonst in jeder Hinsicht sympathischen Nordiren – warum rührt er mich nicht?

Weil diese Europameisterschaft in Frankreich sportlich einfach nur schlecht war, fußballerischer Mist. Auf dem Platz stellen sich die schwachen Mannschaften hinten rein, das Ganze schleppt sich dahin, bloß damit nach der Vorrunde die nach Hause fahren, die sowieso nach Hause fahren, Rumänen und Ukrainer und Albaner. Diese Albaner haben aber, kriege ich überall eingeflüstert, ein historisches Unentschieden erreicht. Albanien ist trotzdem eine schwache Mannschaft. Super, das zieht sich jetzt also zwei Wochen, bis es für die guten Teams irgendwann mal um irgendwas geht. Ich weiß nicht, ob das abgehoben ist, so zu denken: Aber ein Song, der permanent gesungen wird für einen Spieler, der nicht ein einziges Mal eingewechselt wird – soll der das Highlight einer Europameisterschaft sein?

Was ist der Sinn von Fußballturnieren? Dass man nicht weiß, wie es ausgeht? Oder dass es Geschichten gibt, die – Achtung! – nur der Fußball schreibt? Oder ist der Sinn doch, dass sich am Ende Qualität durchsetzt, also: bester Teamspirit, beste Einzelaktionen, beste Grundidee vom Fußball?

2004 hat Griechenland die Europameisterschaft gewonnen, auch einer dieser Kleinen, aber das war noch etwas anderes. Das war eine Super-EM damals in Portugal, die Tschechen, die Holländer, und am Ende hat eine Truppe von wahnsinnigen Nichtskönnern gewonnen. Angeführt von Rehakles marodierten sie mit ihrem Antifußball durch das Turnier. Das hatte immerhin noch was von: Hey, das kann passieren. Wie Kaiserslautern noch Meister werden konnte und Werder Doublesieger. Griechenland war der einzige Underdog, die hatten sich qualifiziert, die waren dabei und nutzten die Chance. Heute muss das Reglement aufgeblasen werden, um viele Underdogs zu haben, das wirkt alles berechnet und gesteuert. Heute spielt nicht nur Griechenland die Außenseiterrolle, da spielen Island und Albanien und Irland und Nordirland, aber du weißt von Anfang an: Keiner von denen wird es zu Ende bringen. Island wird nicht Europameister. Es wird auch nicht Irland Europameister und Nordirland noch weniger. Niemand von denen wird Europameister. Aber die Kleinen werden die Großen auf ihr Niveau runterziehen, weil die Großen eh kaputt sind von den tausend Spielen in den Ligen und Pokalen. Und in den ersten Wochen der Europameisterschaft haben sich die Großen dem Niveau der Kleinen ergeben, weil sie gesagt haben: Das ist nur ein Trainingslager, für uns geht es erst später richtig los, in zwei bis drei Wochen, wenn das Achtelfinale anfängt.

Mehr als vier Wochen sind zu lang, kein ernsthaft am Fußball interessierter Mensch kann sich gedanklich so lange damit beschäftigen. Und auch im Fußball gilt – Achtung Wortwitz: Überfüttern verboten.

Aber die Fans singen doch so schön, sagen diejenigen, denen alles gefällt.

Ist es legitim, es so zu sehen? Selbstverständlich. Aber nicht sinnvoll ist es, diese Sicht auf den Fußball zu fördern, indem man ein Turnier aufbläht in der Hoffnung, dass am Ende genügend Sänger da sein werden und genügend Fans dieser Sänger oder auf jeden Fall so viele, dass unter dem Eindruck dieser Chöre gar nicht mehr auffällt, was auf dem Platz passiert.

Irgendwann sind in einem Spiel sämtliche Trikots zerrissen. Wenn man sich, Monate nach einen Turnier, nur an zerrissene Trikots erinnert, spricht das nicht gegen die Wirkung von zerrissenen Trikots. Aber gegen das Turnier.

Mein Highlight war Joe Hart, Torwart der fabelhaften Engländer. Ein Mann, der in jedem Turnier sagt: Entschuldigen sie, wenn ich solche Kullerbälle nicht reinlasse, bin ich nicht Joe Hart und wir sind nicht England. Von dem großen Sieg der Isländer gegen Joe Harts fabelhafte Engländer ist allerdings vor allem die Geräuschkulisse in Erinnerung geblieben, das Kuriose. Wie sie alle so schön Uuuh rufen. Und wie sie so toll klatschen können. Und die haben so lustige Namen. Wenn ich mich richtig erinnere, heißt einer der Isländer Sigthorsson, und der hat das Siegtor gegen die fabelhaften Engländer geschossen. Und der Ersatztorwart – hieß er nicht Haltballsson? Wie bei Asterix. Tatsächlich fand ich es verblüffend, wie begeistert viele Zuschauer der Europameisterschaft von den Sängern waren, und genauso begeistert waren sie von diesen Namen, aber da geht es mir wie damals, als sich der Dortmunder Aubameyang seine Spiderman-Maske übergezogen hat: Für so was bin ich zu alt. Und aus dem Alter, Uuuh zu rufen, bin ich auch raus. Uuuh? Wenn man sich ein paar Fremdsprachen raufgeschafft hat, fühlt man sich vom Uuuh schnell unterfordert.

Der Fußball sorgt für kindliche Freude, aber es gibt auch viel Kindisches im Fußball. Aber kindlich ist nicht gleich kindisch. Und wo das eine schön ist, rührend, ist das andere nervtötend.

Erinnert sei beim Thema Sightorsson an den ehemaligen Kollegen Günter-Peter Ploog, mit dem ich fürs *ZDF* früher vom Eishockey berichtet habe. Einmal saßen wir am Abend vor einem Spiel bei Olympia zusammen und gingen die Spielerlisten durch, die Kader. Sagt Ploog: »Bei den Amerikanern gibt es einen Stürmer, der heißt Tony Granato.« Sage ich: »Günther, untersteh dich.« Er kommentiert am nächsten Tag das Spiel, ich bin sein Assistent, und es dauert nicht bis zur ersten Drittelpause, da bringt Ploog das, was zu befürchten gewesen war. Er bringt es tatsächlich. Er sagt: »Die Granate von Granato.«

Es gibt nicht viele Regeln im Leben, eine ist: No jokes with names.

Geldmeisterschaft

Stellen wir uns vor, die Fußballweltmeisterschaft würde wieder mal in Argentinien stattfinden. Argentinien, schöne Idee. La Bombonera, das Stadion der Boca Juniors. Die Pralinenschachtel. Was hat der legendäre Romario gesagt? »Ich habe in allen großen Stadien der Welt gespielt, aber ich war niemals näher an der Hölle als in der Bombonera.« Die Hölle verdient große Spiele, die Hölle verdient ihre Weltmeisterschaft. Und symbolisch passen würde es auch. Nach der Junta-WM 1978 nun eine Weltmeisterschaft in einem Land, das sich in eine andere, bessere Richtung entwickelt hat. Die ganze Welt würde sich darauf freuen.

Die Weltmeisterschaft 1978 hat bittere Erinnerungen hinterlassen, allerdings auch Bilder, unverwechselbare Bilder. Diese Riesenmenge von Papierschnipseln auf dem Platz, Konfetti, Klopapierrollen, die Fans hatten das Zeug geworfen, und das wurde damals noch nicht abgesaugt, bevor das Spiel anfing. Ein Spielfeld durfte noch anders aussehen als ein Spielfeld auf der Playstation, die es damals auch noch nicht gab. Die Tornetze waren in Südamerika nicht so knapp gespannt wie in Europa, sie reichten meterweit nach hinten, und wenn der Ball ins Tor flog, mussten die Torwarte ihn mühsam hervorklauben, wie Fischer ihren Fang aus dem Netz. Und über diesen Platz voller Papierschnipsel tanzten und schwebten die Argentinier, weiß-blau gestreifte Trikots, dazu in schönem Kontrast das schwarze Haar der Spieler. Kempes und Luque und Tarantini.

Und auf der Bank der hauchdünne Trainer Cesar Luis Menotti, im Trenchcoat, immer mit Zigarette, weil man damals in einem FIFA-WM-Stadion noch rauchen durfte, sogar auf der Trainerbank. Und dieser Menotti lässt »linken Fußball« spielen. Heißt es. Und er gibt dem General Videla nicht die Hand. Heißt es. Und es ist nicht klar, was das war oder ist, linker Fußball. Es ist auch nicht klar, ob es sich bei diesem Menotti wirklich um einen Regimekritiker handelt. Aber wenn wir die Bilder sehen, die schwarzhaarigen Revoluzzer auf dem unordentlichen Platz und daneben der existenzialistische Trainer, dann kommt es uns so vor, als wäre die argentinische Mannschaft damals nicht nur Weltmeister geworden, sondern hätte auch auf der richtigen Seite gestanden, auf der des Menschenrechts. So fällt es uns leichter, uns an eine Weltmeisterschaft in der Diktatur zu erinnern und trotzdem dieses spezielle Gefühl zuzulassen, das immer in uns aufsteigt, wenn wir an vergangene Weltmeisterschaften denken.

Stellen wir uns vor, ein FIFA-Mann redet nun mit einem heutigen Abgesandten der Argentinier, er sagt: Bewerbt euch, damit diese Vision wahr werde, eine neue WM in Argentinien. In wie vielen großen Stadien, die den Ansprüchen der FIFA genügen, würdet ihr denn spielen? Da zählt der argentinische Funktionär die Stadien ab, er zählt sie an einer Hand ab, und weil wir ihn uns jetzt mal als verantwortungsvollen Verhandlungsführer vorstellen, der die Dinge bis zum Ende denkt, sagt er: Wir bieten vier, fünf große FIFA-WM-Stadien. Mehr machen keinen Sinn, die werden danach in unserer Liga nicht mehr gebraucht, die sind auch zu teuer. Unterhalt, Pflege. Da sagt der FIFA-Mann: Vier? Das tut uns leid, wir brauchen zwölf. Argentinien also raus.

Die FIFA sucht weiter. Oder sie tut so, als würde sie suchen. Marokko/Tunesien, das war doch mal eine Idee. Casablanca zum Beispiel ist fußballverrückt. Also, in wie vielen Stadien, die danach auch noch genutzt werden, könnte die WM stattfinden? Drei, sagen sie in Marokko und Tunesien. Nee, wir brauchen zwölf, sagt die FIFA. Also, Marokko/Tunesien auch weg. Holland wäre doch schön. Der FIFA-Mann fragt in Holland. Mal wieder ein kleineres Land, 1958 hat die WM in Schweden stattgefunden, Pelé ist da mit 17 zum Star geworden, es gab ein leidenschaftliches Match zwischen Schweden und Deutschland, Einpeitscher standen mit ihrem Megafon vor der Tribüne. Und der sagenhafte brasilianische Masseur Américo schleppte die Spieler huckepack vom Platz. Es wurde alles geboten, in so einem kleinen Land. Aufregender Fußball und die Folklore als Zugabe. Könnte das nicht wieder so sein?

Der holländische Unterhändler sagt: O ja, aber wir brauchen nicht zwölf große Stadien. Wie sieht das denn aus, wenn in der Liga später Almelo in einer 50 000-Mann-Arena gegen Deventer sein Unwesen treibt, vor 4000 Unentwegten. Drei große WM-Stadien brauchen wir, sagt der Holländer. Und natürlich ein paar kleinere, die stehen da ja schon, für die Ligaspiele unserer Klubs. Da passen dann aber nicht 50 000 Leute rein, sondern nur 20 000. Kann die FIFA pro WM-Spiel also nicht so viel verdienen.

Nee, sagt der FIFA-Mann. Wir brauchen zwölf, davon mindestens acht große.

Was ich damit sagen will: Das ist ein faschistoider Ansatz. Wenn man es so macht, kriegen nur die großen Länder mit großen Ligen Weltmeisterschaften, aber der Charme des Kleinen ist weg, weil die FIFA so viele riesige Tempel fordert für ihre Turniere mit 40 Mannschaften. Oder waren es 70? Wenn man es so macht, geht die Weltmeisterschaft natürlich irgendwann nach China. Sagt der FIFA-Mann: Zwölf Stadien brauchen wir. Sagt der China-Mann: Wir stellen euch 26 Stadien hin. Das Maracanã bauen wir nach, das Stade de France auch, das Westfalenstadion und das Nou Camp sowieso. Sagt der FIFA-Mann: Ausgezeichnet. Komm, wir machen in jedem Stadion nur zwei Spiele.

Jede Wette, nach Russland und Katar steigt die Weltmeisterschaft bald in China. Nun ist China nicht das Mutterland des Fußballs, aber China erfüllt alle Bedingungen der FIFA. Katar hat auch alle Bedingungen der FIFA erfüllt. Wer sich die Animation anschaut, sieht: So schöne Stadien hat man noch nirgendwo gesehen. Und man kann mit dem Tretroller von einem Stadion zum anderen fahren, weil Katar so klein ist. Aber die Stadien sind groß genug.

Ich merke, dass mich das im Inneren nicht mehr berührt. Wahrscheinlich Resignation, Müdigkeit. Diese Entwicklung hat ein Tempo und eine Dimension, damit kann ich mich nur noch schwer auseinandersetzen. Sie machen das ganz offenbar immer so weiter, die drehen an der Schraube und drehen und drehen. An dieser Stelle fällt mir immer ein alter Handwerkerspruch ein, den ich mal beim Jobben aufgeschnappt habe: Nach fest kommt ab – wenn die Schraube überdreht ist, bricht sie.

Ich erinnere mich an die Zeit, als die Weltmeisterschaft ein Traum war, ein Traum für die Menschen in der ganzen Welt, die sich für den verdammten Fußball interessieren. Und auch wenn man näher rangegangen ist, verlor der Traum nichts von seinen Farben. 1990, Weltmeisterschaft in Italien, Gianna Nannini und Edoardo Bennato, Un' estate italiana. Du bist rangefahren ans Stadion und hörtest schon, wie die Leute das grölen. Manchmal waren die Tribünen noch leer, aber das Lied lief trotzdem schon, in den Stadien waren die Lautsprecher voll aufgedreht. Normalerweise geht mir jedes Fußballlied irgendwann auf die Nerven. Aber wenn das heute noch mal irgendwo gespielt wird, halte ich an und kriege feuchte Augen. Ich bin mit den Jahren sowieso eine Heulsuse geworden: ein bisschen sentimentaler Quatsch, und schon geht's los. Ein Gedanke: Vielleicht möchte ich mich ja über die kleinen Sachen leer heulen, weil von den großen noch zu viele Tränen übrig geblieben sind.

Mit Musik kannst du mich jedenfalls gut holen, ich höre das, und ich bin wieder in der Situation. Das war alles perfekt damals in Italien, die Fahrt von einer Stadt in die andere. Eine Lustreise vom Abflug zu Hause bis zur Rückkehr. Sogar die Spiele entlegenerer Mannschaften in entlegenen Städten waren Ereignisse. Kamerun – Sowjetunion in Bari. In Bari! Der große Fußballkünstler Antonio Cassano stammt daher, ein Mann, von dem bekannt ist, dass ihm seine Mutter zum 18. Geburtstag eine – wie sag ich das jetzt? –, eine brasilianische Prostituierten-Tanzgruppe geschenkt hat. Woran man sieht: Ganz Bari war und ist ein Problemviertel. Aber während der Weltmeisterschaft konnte sogar Bari glänzen.

Und jetzt? Russland: eine Milliarde für das Stadion in Petersburg. Und in der russischen Liga werfen sie den Schwarzen Bananen hinterher, die kriegen das Problem mit dem Rassismus nicht in den Griff, weil es nicht nur ein Problem im Fußball ist. Katar: Beim Stadionbau sterben Arbeiter, denen fallen Stahlträger auf den

Kopf. Oder es müssen sich 80 Leute eine Flasche Wasser teilen.

Es gibt eine Dokumentation über das WM-Finale 94, Brasilien gegen Italien, wir waren vom *Sportspiegel* daran beteiligt. 40 Kamerateams in 40 Ländern zeigen, wie Menschen das Finale schauen. Ein besoffenes Ehepaar in Finnland, ein Stammeskönig in Kamerun, Mönche in Prag, die Italiener in einer Bar, die Brasilianer an der Copacabana, Iraner in einer Autofabrik. Die ganze Welt schaut auf einen Fußballplatz. Wir hatten mal nasse Hände vor Aufregung, wenn wir an Weltmeisterschaften nur gedacht haben, an Weltmeisterschaften, die vorbei waren oder die noch kommen würden. Die, die gespielt waren, haben wir verklärt. Die, die bevorstanden, haben wir idealisiert. Die *Kicker*-WM-Sonderhefte waren Reliquien.

Und jetzt? Wenn wir über Weltmeisterschaften reden, reden wir nur noch über Dreck.

Zum Beispiel Brasilien 2014. Fußball kommt nach Brasilien, 1950 war er das letzte Mal dort. 1950! Die Nationalmannschaft, die die Welt verzückt hat, über viele Jahrzehnte – sie hat 64 Jahre warten müssen, um wieder zu Hause antreten zu können bei einer Weltmeisterschaft. Und dann bleibt hängen: Das Maracanã ist nicht mehr das, was es war. In Manaus bauen sie ein sinnfreies Stadion in den Urwald. Und die Bosse der FIFA schanzen sich Millionen an Prämien und Boni zu. Das sind die Themen.

Die FIFA ist dabei, die Begeisterung für ein Weltereignis zu vergiften. Die FIFA hat die Weltmeisterschaften verkauft, und da rede ich noch gar nicht von Korruption. Sie hat dafür gesorgt, dass alle Stadien so aussehen wie auf der Playstation, die Werbebanden im offiziellen Design. All das gehört zum Anforderungsprofil an die Stadien, und wer nicht willens oder imstande ist, entsprechende Stadien zur Verfügung zu stellen, ist raus. Argentinien ist raus. Argentinien wird nie mehr eine Weltmeisterschaft ausrichten, weil die FIFA eine Institution ist, die nimmt. Wäre sie eine Institution, die gibt, müsste sie sagen: Wir schießen das entsprechende Geld zu, für den Ausbau von drei, vier, fünf Stadien. Und wenn das nicht reicht, nehmen wir die kleineren dazu, die schon da sind. Dann würde das wieder einen Lokalbezug kriegen.

Aber das wird nicht passieren. Dazu müsste sich die FIFA ja reformieren. Aber wie soll sich eine super funktionierende Geldmaschine selbst abschalten, auflösen, auseinanderbauen und wieder zusammenbauen. Wie soll das gehen? Im Gegenteil: Die Maßlosigkeit treibt weiter aus. Eine Europameisterschaft in 13 Ländern, zwischen Dublin und Baku. Um eine WM mit 48 Teilnehmern könnten sich gemeinsam bewerben die USA, Kanada und Mexiko. Gespielt wird von Gruppe A bis Gruppe P. Gespielt wird von Montreal bis Guadalajara. Keine Idee ist zu absurd. Das sind dann eben keine Sänger-Turniere, sondern ausgetragen wird das Championat der Reiseveranstalter. Irrsinn.

Wenn ich in Buenos Aires bin, gehe ich gern in die Bombonera, wo die Boca Juniors spielen. Maradona kommt hierher, sein Clan hat eine eigene Loge, und wenn er da ist, winkt er den tobenden Leuten zu. Die Loge sieht aus wie eines dieser unfertigen Hotels von Torremolinos. Nur Beton. Und Maradona steht da, ohne Hemd. Die Leute toben. Auch wenn er nicht da ist, toben sie. Beim letzten Mal, als ich da war, ging es um nichts mehr, die Saison war entschieden, sie spielten mit der B-Mannschaft. Trotzdem: volles Stadion, 60 000 Leute. Eine eigene Welt. Die Bombonera könnte mal etwas Tünche gebrauchen, vielleicht würde sie die spendiert kriegen für eine WM. Aber wenn Argentinien die WM bekäme, würde man die Bombonera nicht ein wenig schminken, sondern einer Totaloperation unterwerfen müssen. Sie müsste ja zu einer FIFA-WM-Arena werden, man würde sie entkernen und entweihen, wie man das Maracanã in Rio entkernt und entweiht hat, das ja auch mal eine Hölle gewesen ist, bevor sie heimgesucht wurde von WM und Olympia.

Stellen wir uns vor, die Fußballweltmeisterschaft würde wieder mal in Argentinien stattfinden. Es wird nicht passieren. Und deshalb stellen wir es uns besser gar nicht vor.

Gesetzbuch des Pokals

Wenn im Fernsehen die Berichte vom DFB-Pokal laufen, sieht man immer die gleichen Bilder. Der Trainer des Amateurvereins, der gegen die Bayern spielen darf, macht seine Jungs noch mal heiß, aber so richtig. Er schreit, dass sie Helden werden können in diesem Spiel, seine Stimme überschlägt sich. Und weil beim DFB-Pokal die Fernsehkameras noch in die Kabine dürfen, jedenfalls in die Kabine der Amateurvereine, kriegen die Zuschauer am Fernseher alles mit. Da liegen Wasserflaschen rum, Schuhe, Sportklamotten, die Kamera fährt über Fußballergesichter, denen man die Bedeutung des Moments ansieht. Ein Spiel gegen die Bayern. Es ist pathetisch, nicht auf alberne Art pathetisch, auf rührende Art. Der Trainer schwört die Spieler ein, seine Augen in Großaufnahme, und der Reporter vergisst nicht zu erwähnen, dass der Linksverteidiger des Amateurvereins Postbote ist, und der Torwart hat am Vortag des großen Spiels noch acht Stunden in der Metzgerei seines Vaters gearbeitet. Gemeinsam haben sie die Bratwürste geknetet, die am Spieltag im kleinen Stadion des Vereins dann verkauft werden.

Solche Geschichten. Und der Präsident darf erzählen, dass sie für das große Spiel gegen Bayern eine Stahlrohrtribüne zusätzlich hingestellt haben, unter Mithilfe der legendären Handwerker im Ort, die sonst für das Aufstellen des Maibaums verantwortlich sind. Und den Zugang zum Stadion haben sie verbreitert, damit der Mannschaftsbus der Bayern genug Platz hat. Und die Wände in der Kabine haben sie auch neu gestrichen, damit die Bayern nicht denken: Wo sind wir hier eigentlich gelandet?

Solche Geschichten. Und dann darf der Verteidiger, der eigentlich Postbote ist, dem Thomas Müller einmal den Ball abnehmen und ihn also daran hindern, dass er das 8:0 schießt, das fällt dann drei Minuten später. Das sind seit Jahrzehnten die gleichen Bilder, die gleichen Geschichten. Es sind – Achtung! – Geschichten, die nur der DFB-Pokal erzählt, und weil diese Geschichten seit Jahrzehnten erzählt werden, müssen sie einen schützenswerten Kern haben, einen Sinn. Der Sinn besteht zum Beispiel darin, dass die Kleinen nicht als Idioten dargestellt werden, nicht wie Teilnehmer der Realityshows, die ihre Eheprobleme im Billigfernsehen ausbreiten, zur Belustigung des Publikums. Im DFB-Pokal begegnet man den Kleinen mit Würde, und die Kleinen begegnen auch ihren Niederlagen mit Würde, und manchmal gewinnen sie sogar und schreiben sich in die Geschichtsbücher ein. Weinheim. Vestenbergsgreuth. Eppingen.

Schon die Namen dieser Vereine sind ein Ereignis. USC Paloma Hamburg. Man hört das und wundert sich erst, und dann wundert man sich überhaupt nicht mehr. Weil es doch sehr einleuchtend ist, dass es in Hamburg wenigstens einen Verein gibt, dessen Name schon nach Hamburg klingt oder wenigstens nach Hamburger Folklore. Paloma Hamburg. Die haben eine Friedenstaube im Vereinswappen. Und das wüsste man ja alles nicht, wenn sie nicht mal im DFB-Pokal mitgespielt hätten. Es würde einem nichts fehlen, wenn man das nicht wüsste. Andererseits: Jedes Wissen ist ein Schatz.

Der DFB-Pokal ist der letzte Marktplatz, auf dem sich die Extreme des Fußballs begegnen können. Die Großen und die ganz Kleinen. Das Hochprofitum und das Ehrenamt. Die Ernährungswissenschaftler der Spitzenklubs und die Brötchenschmierer an der Essensausgabe auf dem Dorfplatz. Ich kenne diese kleinen Vereine, ich habe nach meiner Zeit in Kaiserslautern für sie gespielt. DSC Heidelberg, TuS Altrip, ASV Feudenheim, Spielvereinigung Weisenau, Fontana Finthen, Fußballvereinigung Mombach, TuS Hahn, SpVgg Nassau. Turniere auf dem Land, Hartplatz, roter Sand. Das staubte, du hast geschwitzt wie Sau, du kamst paniert nach Hause. Und wurdest von der Freundin oder der Frau gebeten, bitte zu schweben und nicht zu flattern, damit von der Kruste nichts auf den Teppich fällt. Also, schwebend zur Dusche, alle Vorhänge zu und das Wasser laufen lassen, bis die Panade sich löst. Mit richtig Glück hattest du auf dem Hartplatz auch noch eine Grätsche hingelegt, dann war alles mit Blut vermischt. Das hatte was.

Für die Großen ist ein Spiel in der ersten Runde des DFB-Pokals ein Pflichttermin, aber die Kleinen leben von der Aussicht, einmal den Mantel der Geschichte an sich vorbeiflattern lassen zu können, wenigstens für einen Tag, wenigstens den Zipfel dieses Mantels. Für diese Momente ist der DFB-Pokal erfunden worden, und wer ihn für einen Nebenwettbewerb hält, hat nichts begriffen. Für die Hygiene in diesem Sport ist er unendlich wichtig. Je mehr die da oben guardiolaartig abheben und den Fußball zur Wissenschaft hochbeamen, mit Gesetzmäßigkeiten, die nur sie verstehen, desto mehr müssen sie in Kontakt gebracht werden mit dem, was man Basis nennt. Im DFB-Pokal kriegt diese Basis eine Gestalt und ein Gesicht und einen Geruch, den Geruch von gemähtem Rasen und gebratener Wurst und geöffneten Eddingstiften, mit denen die Fans gleich nach dem Spiel auf den Platz rennen, auf der Jagd nach Autogrammen. Tatsächlich werden im DFB-Pokal noch Autogramme gesammelt, anderswo geht es den Leuten nur noch um Selfies.

Das ist das Emotionale. Und mit den Einnahmen so eines Spiels können die kleinen Vereine ihren Etat aufpolstern, man kann ein paar neue Tore anschaffen, das Vereinsheim braucht einen neuen Kühlschrank.

Natürlich ist der Kalender der Fußballer komplett überfrachtet, Confedcup und Supercup und demnächst vielleicht League of Nations; in der Saisonvorbereitung nach Singapur und nach Portland. Jeder Trainer sagt: Es kotzt mich an, dass wir dahin müssen, das ist sportlich sinnfreier Scheißdreck. Aber die Vereine müssen halt Geld verdienen. Um mit den irren Engländern mithalten zu können, muss jeder Euro mitgenommen werden. Und wenn die Chinesen richtig in den Markt gehen, wird auch dort noch was zu verdienen sein. In der Winterpause zum Blitzturnier nach Schanghai, Chongqing oder Guangzhou? Wenn das Geld stimmt, wird man es machen.

Ich weiß nicht, wo man etwas streichen wird im Kalender. An den WM-Qualifikationsspielen in San Marino eher nicht, obwohl 2016 im Regen von Serravalle nicht mal 4000 Zuschauer gekommen waren, das Stadion in San Marino war beim Qualifikationsspiel gegen den Weltmeister nicht ausverkauft.

Der DFB-Pokal, bei dem die Spiele der Kleinen gegen die Großen immer ausverkauft sind, könnte am Ende die Veranstaltung sein, auf die man als Erstes verzichten will, aber es wäre ein fataler Fehler, Hand an ihn zu legen; es wäre ein Signal. »Geht doch im Fußball eh nur noch um Geld«, sagen eine Menge Leute, denen hätte man dann wenig entgegenzusetzen.

Der Pokal hat seine eigenen Gesetze? Nur eine Floskel. Aber der DFB-Pokal *sollte* eigene Gesetze haben, und wenn er diese Gesetze hätte, müsste im ersten Artikel stehen, dass er unantastbar ist.

Frevel

Es war bei der Weltmeisterschaft 2010 in Südafrika, als der Fußball mir zuwider wurde. Als ich dachte: So geht es nicht weiter.

Dass zur Weltmeisterschaft ein neues Stadion in Johannesburg gebaut worden war, Soccer City, damit konnte ich leben. Der Fahrer, der uns in Johannesburg hierhin und dahin gefahren hat, sagte: »Ihr seid immer so kritisch mit der Weltmeisterschaft. Aber die Straßen, auf denen wir jetzt fahren, die hat es vorher nicht gegeben. Hier war nur Verkehrschaos, du konntest nie in die Stadt rein.« Der Fahrer war stolz, viele Menschen in Südafrika waren stolz auf ihre Weltmeisterschaft. Die hatten wegen der Apartheid lange das Gefühl gehabt, dass die Welt auf sie schaut wie auf einen Schandfleck. Das ist ja noch viel schlimmer, als nur arm zu sein. Also, eine Low-Budget-Weltmeisterschaft wäre das Letzte gewesen, was die armen Menschen in Südafrika gewollt hätten.

Aber diese Maßlosigkeit der Funktionäre und Bonzen – die hat mich angekotzt. Gerade weil es Menschen betraf, die so guten Willens waren.

Wir waren mit dem Team von *Sky* in Kapstadt. Es war mal die Rede davon gewesen, man wolle in einem dieser Vororte spielen, wo auch die Fußballfans leben. Stattdessen hat die FIFA aber dann darauf bestanden, dass das WM-Stadion an einem der schönsten Plätze der Welt stehen soll, zwischen Tafelberg und Atlantik. Angeblich hat der damalige FIFA-Chef Blatter persönlich verfügt: Dahin muss das Stadion. Wenn das stimmt, ist das Blatter at his best. Präpotent, ekelhaft, widerlich, großkotzig. Dumm.

Funktionäre. Der spanische Autor Javier Marías hat über Funktionäre geschrieben: »Sie sind gar nichts.«

Nach Bloemfontein sind wir mit einem Kleinbus gefahren, 400 Kilometer. Als ich den Kleinbus betreten habe, habe ich gesagt: Passt auf, Freunde, mein Name ist Reif. Zuletzt mit einem Bus gefahren bin ich beim 1. FC Kaiserslautern in der A-Jugend, allerdings mit einem entschieden größeren Fahrzeug. In der B-Jugend, daran erinnere ich mich, sind wir mal von Kaiserslautern die zwölf Kilometer nach Queidersbach mit einem Kleinbus wie diesem hier gefahren.

Aber das nur am Rande, und wir haben die Fahrt nach Bloemfontein ja überlebt.

Später waren wir in Durban. Wenn man zum Stadion fährt, denkt man, dass man es mit einer Luftspiegelung zu tun hat. Aber da spiegelt sich gar nichts, denn es sind zwei Stadien, die da nebeneinanderstehen, ein paar Meter voneinander entfernt. Unser Fahrer sagte: »Durban ist eine weiße Stadt, Hochburg des Rugby, hier gibt es eigentlich nur Rugby. Und das eine Stadion da, das ist unser Rugbystadion für 60 000 Leute.«

Ein Rugbyfeld ist rechteckig, hat fast genau die Ausmaße eines Fußballplatzes, man hätte da ein Tor und noch ein Tor hinstellen und das alles etwas umdekorieren müssen, dann hätte man die paar WM-Spiele im Rugbystadion austragen können. Ich habe die Leute in dem Stadion gefragt: »Erklärt mir bitte mal, warum es hier zwei Stadien nebeneinander geben muss, das ist doch Wahnsinn.« Da sagten diese Leute: Schon Wahnsinn, aber der Fußballverband und der Rugbyverband konnten sich halt nicht einigen auf eine gemeinsame Nutzung des Stadions.

Wenn die FIFA ein Laden mit Verantwortung wäre, hätte jemand gesagt: Ihr könnt euch nicht einigen? Wisst ihr was? Wenn ihr euch nicht ganz schnell einigt, fällt Durban aus der Liste der WM-Städte aber gleich wieder raus.

Wir haben uns zeigen lassen, wie Menschen in Durban leben. Für das Geld, das das WM-Stadion gekostet hat, hat mir einer vorgerechnet, hätte man 300 000 Leuten nicht gerade Paläste aufbauen können. Aber sie hätten ein Dach über dem Kopf gehabt, außerdem fließendes Wasser und Elektroanschluss.

Stattdessen baut man ein Stadion neben einem Stadion.

Dann gab es in einer anderen Stadt noch ein Stadion, mit giraffenförmigen Tragpfeilern, aber wo es liegt, habe ich schon deshalb vergessen, weil dort niemand spielt, es gibt keinen Klub in dem Stadion mit den giraffenförmigen Tragpfeilern.

Bei der Weltmeisterschaft 2002 in Japan hatten sie ein Stadion mitten in eine Teeplantage geknallt, das war eine Sauerei, darüber konnte ich mich echauffieren. Im Fall Durban und im armen Südafrika reicht echauffieren aber nicht, da muss man denen, die verantwortlich sind, sagen: Ihr seid Verbrecher, das könnt ihr nicht machen. Hunderte Millionen versenken für ein Stadion neben dem Stadion. Das kriegt ihr irgendwann heimgezahlt, das ist Frevel.

Vier Jahre später wurde für die WM in Manaus ein Stadion gebaut, mitten im brasilianischen Dschungel, für vier Spiele.

Was soll man machen als Fußballreporter oder als Fan, wenn das immer so weitergeht? Man wird wieder hinfahren, wird sich fremdschämen, wird den Kopf schütteln, das Bombastische trotzdem auch genießen und seinen Spaß haben und mitjubeln. Und danach wird man mit einem Kater nach Hause fahren und sagen: Ach, irgendwas werden sie schon machen mit ihren Stadien.

Gesichter hinter Glas

An einem kühlen Tag im März 2015 kam ich etwas zu spät ins Dresdner Fußballstadion, und auf meinem Weg zum Kommentatorenplatz wurde ich beschimpft von Menschen, die schwarz-gelbe Klamotten trugen. Es war Pokal, Dynamo gegen Borussia Dortmund, Schwarzgelb ist die Farbe beider Vereine. Die Rede war danach von einer Bierdusche, die mir zugedacht gewesen wäre, das ist eine Übertreibung, ich wurde mit Bier nur besprenkelt. Historische Wahrheit: Die Menge der Flüssigkeit, die in meine Richtung abgefeuert wurde, war geringer als kolportiert. Und ich möchte die Sache nicht dramatischer machen, als sie ist. Ich bin Fußballkommentator. Was die Kollegen abkriegen, die von Pegida-Kundgebungen in Dresden berichten, ist heftiger. Meine Erfahrung ist ein kleines Steinchen in einem Mosaik. Aber es stimmt, dass ich durch das Erlebnis in Dresden sensibilisiert worden bin.

Das Bier in Dresden war schnell verdampft, es ging nicht um das Bier. Wenn ich an das Pokalspiel in Dresden denke, sehe ich immer noch die Gesichter der Fans. Mit einem fotografischen Gedächtnis ist man gesegnet oder geschlagen, je nachdem. Diese Gesichter bleiben mir. Die Fans waren durch eine Glaswand von mir getrennt. Die Gesichter waren verzerrt, die Menschen spuckten, geiferten, brüllten. Ich habe nie zuvor so deutlich gespürt, was Hass ist, dieser abstrakte Begriff fing an zu leben. Und das hatte noch einmal eine andere Qualität als das Getwittere. Einem Menschen ins Gesicht zu sehen, der auf dich runterbrüllt wie ein Wahnsinniger, ist etwas anderes, als das Zeug nur zu lesen. Ich war froh, dass die Glaswand da war. Von Angst zu reden wäre vermessen, die Glaswand verhinderte, dass die Angst tiefer in mich eindrang.

Pöbeleien gab es immer, der Fußballkommentator polarisiert. Aber der Übergang von Sprüchen zu dieser Androhung von körperlicher Gewalt, zu diesem Zusammenrotten, das hatte eine neue Qualität. Und wenn das die nächste Eskalationsstufe ist, möchte ich die übernächste nicht erleben.

Natürlich ist darüber viel gesprochen worden, es gab noch ein paar andere Vorfälle, aber ein paar wichtige Menschen haben sich dann entschuldigt, die Medien haben berichtet. Das war mir wichtig, weil: So geht es nicht. Dass Reporter mit innerer Beklemmung in ein Fußballstadion gehen – wenn es so weit ist, geht es zu weit.

Und es gab, kurz nach der Biernummer, diese Choreografie vor der Südtribüne, die Dortmunder Fans erinnerten an 1997, den Champions-League-Sieg gegen Juventus, sie zogen die Porträts von Riedle, Ricken und Hitzfeld hoch, und unten über die ganze Kurve dieses Transparent: »Ricken, Ricken! Lupfen, jetzt! Jaaaaa!« Mein Text, aus der Reportage damals. Das ist dann eben auch: Dortmund.

Fußball, sagen wir ja immer, ist ein emotionales Geschäft. Schon richtig, und wenn man sich darauf beruft, kann man sicher mehr Irritierendes kleinreden als in anderen Bereichen des Lebens. Ich habe aber den Eindruck, dass inzwischen alles ein emotionales Geschäft ist, die Debatten in der Politik, auf der Straße. Du hast Dortmund/Bayern/Schalke kritisiert, also bist du Feind. Du hast Merkels Asylpolitik vereidigt, also bist du Feind. Du hast in einem Zeitungskommentar Partei ergriffen für das Rettungspaket für Griechenland. Also bist du Feind.

Immer höre ich, die Benachteiligten oder die Abgehängten zögen jetzt zu Felde gegen die Privilegierten, die Eliten. Und vielleicht ist es ja so, dass ein Kommentator in den Augen von ein paar Spinnern im Stadion auch ein Vertreter der Eliten ist, einer vom Pay-TV, die Stimme eines rein ökonomischen, kommerzialisierten Fußballs. Die Fans spüren, dass im großen Ganzen etwas aus dem Ruder läuft, und dann machen sie es fest am Reporter. An wen sollen sie sich sonst halten? Gegen ihren Stürmer, der im vergoldeten Maserati aus der Tiefgarage brettert, werden sie nichts sagen. Der gibt ihnen mit seinen nächsten Toren etwas von einem Stolz zurück, der ihnen unterwegs irgendwo verloren gegangen ist. Von Stolz reden ja viele im pathetischen Tonfall, mit dem Fußballdinge verhandelt werden. Und wenn Stolz ins Spiel kommt, werden einem Fußballer – und jeder Bundesligaprofi ist gehaltstechnisch elitärste Elite – seine Millionen gegönnt, während jeder Politiker verteufelt wird, der ein Honorar für eine Rede bekommt. Wenn Stolz im Spiel ist, dürfen die Vereine immer noch im Verborgenen ihre Millionen dahin und dorthin schieben, während Politiker ihre Steuererklärung bitte schön im Internet veröffentlichen sollen.

Ein großer Fußballer gibt den Leuten etwas, er hält ihre Illusionen am Leben. Vielleicht doch mal Meister werden, vielleicht doch nicht absteigen. Ein Politiker, ein Arzt, möglicherweise auch ein Kommentator nimmt ihnen im Zweifel etwas. Zum Beispiel ihre Illusionen.

»Es ist schöner, mit Maradona zu hungern als ohne ihn« stand Ende der Achtziger auf dem erwähnten Transparent in Neapel. Der Satz sagt viel über das Verhältnis der Fans zu den Fußballern, denen sie vieles verzeihen. Weil sie von ihnen viel bekommen. Neapel wurde mit Maradona zum ersten Mal italienischer Meister. »Ho visto Maradona«, haben die Fans gesungen: Ich habe Maradona gesehen. Seine Steueraffäre? Vergiss es.

Das war Ende der Achtziger, und es war im heißblütigen Italien. Andererseits: 2015 kehrte der große Fußballer

Claudio Pizarro ins heißblütige Bremen heim, der Bremer Trikotsponsor soll sein Gehalt mitfinanziert haben. Der Bremer Trikotsponsor ist ein bei vielen Fans verhasster Geflügelproduzent. Aber, in dem Fall: vergiss es.

Das ist irrational, das ist romantisch. Romantische Gefühle tragen weit, aber wie weit? Ich denke an Paul Pogba, für den Manchester United die erwähnten 105 Millionen Euro bezahlt hat. Maradona kostete umgerechnet zwölf Millionen, aber das ist dreißig Jahre her. Ich weiß nicht, ob ein Geldsack mit 105 Millionen Euro so prall und schwer ist, dass er alle romantischen Gefühle erstickt. Kann einem Pogba als Mensch wichtig sein? Oder ist der nur ein enormes Investment? Ich weiß auch nicht, ob die Fans von Real Madrid sich irritieren lassen von den unromantischen Steuersparmodellen ihres Stürmers Cristiano Ronaldo. Ich stelle fest, dass die Masse der Fans die Elite der Fußballer komplett anders beurteilt als alle anderen Eliten in der Gesellschaft, nachsichtiger, gnädiger. Das war schon immer so. Die große Frage ist: Wird es so bleiben? Oder kommt der Fußball, wie wir ihn kennen, an sein Ende durch diese Entwicklungen, verliert das Spiel alles Spielerische? Ich bin da nicht im Reinen mit mir, wie das eine mit dem anderen zusammengeht, ich bin da noch nicht am Schluss aller Überlegungen.

Willy Brandt hat gesagt: »Nichts kommt von selbst. Und nur wenig ist von Dauer.« Aber Willy Brandt war, nach allem, was man weiß, kein Fußballfan.

Trophäenschrank

Der Zauber von Momenten
und Reliquien

Elfmeter

Die Fernsehkameras bei Fußballübertragungen sind inzwischen sehr indiskret, jeder Tropfen Schweiß auf der Spielerhaut wird hochauflösend weitergetragen, jede Träne, jeder Grashüpfer, der auf dem Körper eines Spielers landet. Weltmeisterschaft 2014, Brasilien gegen Kolumbien, der Kolumbianer James Rodriguez verwandelt einen Elfmeter, und bei der anschließenden Jubeltour setzt sich ein Grashüpfer auf seinen Oberarm, der größte Grashüpfer in der Geschichte des modernen Fußballs. Wirklich ein Riesending.

Beim Elfmeter schauen wir alle besonders genau hin, weil das Spiel sich beim Elfmeter zum Zweikampf verdichtet. Und weil die Kameras inzwischen alles zeigen, auch die Gesichter der Schützen. Nachdem der Schütze sich den Ball zurechtgelegt hat, erkennen wir die Angst in seinen Augen. Wir haben auf dem Kommentatorenplatz unsere Monitore und sehen, was der Fernsehzuschauer auch sieht, und manchmal sieht man schon beim Anlauf, wie es ausgehen wird, oder man liest im Gesicht des

Schützen nur diesen einen Satz: Ich schaffe es nicht. Der Argentinier Esteban Cambiasso im WM-Viertelfinale gegen Deutschland 2006. Der entscheidende Elfer, Cambiasso muss treffen, sein Gesicht im Bild. Ein Gesicht, aus dem auch noch die letzte Spur von Zuversicht und Selbstvertrauen herausgewischt worden ist. Er verschießt.

Bei Roberto Baggio war es genauso, dem Italiener mit dem berühmten Zöpfchen. WM-Finale 1994, auch er muss treffen, er legt den Ball auf den Punkt, ein paar Schritte zurück, da nimmt die Kamera ihn voll ins Bild, und er sieht merkwürdig teilnahmslos aus, die Schultern hängend. Anlauf, Schuss. Der brasilianische Torwart muss nichts tun, der Ball segelt links oben über die Latte. Aus. Italien hat verloren, hat die Weltmeisterschaft verloren. Die Kamera zeigt Baggio von hinten, sein Zöpfchen liegt über dem Kragen, als wäre es soeben verstorben.

Bei der Weltmeisterschaft 1986 war das Bild noch totaler, vor dem Elfmeter war die Kamera also nicht auf dem Gesicht des Schützen. Als der Brasilianer Sócrates im Viertelfinale gegen Frankreich antrat, der Mann mit Jesus-Bart und Storchenbeinen, konnten wir an seine Siegessicherheit noch glauben. Sein Selbstbewusstsein drückte sich dadurch aus, dass er auf einen Anlauf verzichtete. Sócrates schoss aus dem Stand. Aber er schoss dem Torwart aus dem Stand auf die Faust.

Der coolste Elfmeter aus der Zeit, als die Kameras noch nicht zeigten, was sich in den Gesichtern abspielt:

Horst Hrubesch, der letzte Elfmeter im Weltmeisterschafts-Halbfinale gegen Frankreich 1982. Ein aufgewühltes Spiel, Schumacher hatte Battiston ins Krankenhaus gerammt, die Deutschen lagen schon 1:3 hinten und kamen zurück, retteten sich ins Elfmeterschießen. Der letzte Ball. Der Schiedsrichter hatte ihn schon mal auf den Punkt gelegt, dann kam Hrubesch. Und er tat etwas, was in so einer Situation nur jemand tun kann, der sich auf seine innere Balance absolut verlässt. Hrubesch legte sich diesen Ball nicht noch mal persönlich zurecht, er prüfte nicht, ob vielleicht ein Steinchen querliegt. Er sah den Ball auf dem Elfmeterpunkt schlummern, schaute kurz zu ihm runter, berührte ihn nicht, nahm Anlauf, schoss ihn rein.

Der coolste Elfmeter aus der Zeit, als die Kameras alles enthüllten: Zinedine Zidane, Weltmeisterschaftsfinale 2006 der Franzosen gegen Italien, fünfte Spielminute. Das letzte Spiel seiner Karriere. Er legt sich den Ball hin, sein Gesicht in Großaufnahme. Konzentrierter Blick zum Torwart, konzentrierter Blick zum Ball. Mönchische innere Ruhe. Dann chippt er das Ding an die Unterkante der Latte, das Geräusch kann man im ganzen atemlosen Stadion hören. Und der Ball prallt sauber hinter der Linie auf und springt dann wieder raus. Ein Elfmeter wie eine Regierungserklärung: Ich habe alles im Griff. Druck? Welcher Druck? Ihr könnt mich alle mal. Ich gewinne heute, das lasse ich mir nicht nehmen. Dieses Spiel ist mein Spiel.

Aber dann ist Materazzi gekommen, der kleine Schmuddelbruder Materazzi hat dem großen Zidane etwas Schmuddelbruderhaftes geflüstert. Und aus dem großen, gelassenen Meister blitzte für einen winzigen, aber entscheidenden Moment der Straßenkicker hervor, der Junge aus der Cité de la Castellane.

Kopfstoß. Rote Karte. Dann war sein Spiel kaputt.

Am Nebentisch der Papst

Mein altes Reisemotto war »Stadien von innen, Berge von unten, Kirchen von außen«, aber das hat sich mit der Zeit geändert. In die Liste aufgenommen wurden Bars und Kneipen und Restaurants, jeweils und unbedingt von innen zu betrachten. Wo also geht man hin vor einem Spiel von Real Madrid?

In Madrid habe ich drei Lieblingsläden:

Cervecería Alemana, das deutsche Bierhaus an der Plaza de Santa Ana, da geht man am frühen Nachmittag hin und isst Tapas. Nix »Alemana« – es heißt nur so wegen des Bieres. Alles sehr schön, man kriegt allerdings körperlichen Kontakt zur Basis, zu den mitgereisten Fans, und man muss abwägen, ob man das ertragen kann und möchte. Wenn's die falschen Fans sind, bleibt dir die Tapa im Halse stecken. Ich erinnere mich an schwarz-gelbe Fußballfreunde aus Dortmund, die mir dort begegnet sind. Es war nicht aggressiv. Also: Sie wurden nicht übergriffig. Über der Begegnung lag das Motto: »Reif, du bist das größte Arschloch – aber lass mal'n Selfie machen.« Die Tapas dort sind einwandfrei.

Eine Alternative nach dem Spiel ist der *Asador Frontón,* nicht weit vom Bernabeu-Stadion, das sieht von außen aus wie ein Kolonialwarenladen, Gitter und Fenster. Und drinnen eine Welt von altem Fußball, da gehen die ehemaligen Profis von Real hin. Auf der Karte immer dasselbe. Schinken, Jamón Ibérico. Und Ochsenfleisch, der Legende nach selbstverständlich von Tieren, deren Urahnen in der Stierkampfarena den Heldentod gestorben sind. Ein riesiges Stück Fleisch also, dazu Weißbrot und Rotwein. Dieses nehmen die alten Idole von Real Madrid spät zu sich, um Mitternacht machen sie sich her über Fleischbrocken, als wären sie wilde Tiere. Etwas archaisch, verräuchert, Atmosphäre.

Im Hotelbett schläfst du dann allerdings wie Lenin im Mausoleum: auf dem Rücken, die Hände gefaltet über dem vollgefressenen Wanst.

Dann gibt es das *Palermo,* da treffen sich die aktuellen Spieler, Stierkämpfer gehen dahin, da sitzt du und kannst sehr gut die eigene Prominenz relativieren und sehr gut damit umgehen, so wie die Köche hier mit Fisch. Mit Bernd Schuster war ich mal dort, er war Experte bei *Sky.* Wir sind am nächsten Tag nach Barcelona gefahren. In Barcelona gibt es das *Cal Pep,* Plaça de les Olles, das ist ein schmaler Raum mit einer Theke, du musst ewig warten, bis ein Platz frei wird. 50 Leute sitzen an der Theke, und 50 stehen hinten an der Wand und warten, bis einer der Sitzenden seinen Hintern auch nur einen Millimeter lupft. Da habe ich mit Günther Netzer gegessen und mit René Fasel, Präsident des Eishockeyweltverbandes und Zahnarzt. Ein Schweizer, der in Barcelona gelebt und an der Universität von Barcelona seine Doktorarbeit geschrieben hat, natürlich über Zahnprobleme bei Olympiasportlern. Derart schillernde Menschen sitzen bei *Cal Pep,* man reicht Fischiges. Muscheln, Oktopus.

London? Im *Harrods Sea Grille* gibt es fantastische Fish and Chips. Auch fantastischer Preis, aber bitte. Über die Empfehlung eines Kollegen haben wir uns dann zu *Scott's* in Mayfair vorgearbeitet, bester Fischladen der Stadt. Laut, sehr schick, draußen steht einer mit 'nem Bowler, der dir die Taxitür aufmacht. Lauter schöne und großartige Menschen, deren Großartigkeit sich nicht jedem erschließt. Ich war mit meiner Frau Marion da, die dem Fußball und seinen Legenden mit sympathischer Distanz und erfrischender Unberührtheit gegenübersteht. Bei *Scott's* erscheint Frank Lampard, ich sage: »Schau mal, da ist Frank Lampard«, und sie sieht zu ihm rüber und sagt: »Ah ja.« Gut. Wenig später: Liam Neeson, am Nebentisch. »Oha«, da wird sie schon lustiger. Vorm Champions-League-Finale Dortmund gegen Bayern hatten wir uns mit ein paar Freunden in London verabredet, die wollten unbedingt zu einem Italiener, *Leonardo.* Wir kommen an, bezaubernde Directrice, erst mal einen Drink. Kommen drei gut aussehende Männer ins Lokal, ich schau die an, ich nicke meiner Frau zu: »Guck mal.« Sie guckt und sieht: George Clooney mit zwei Begleitern.

Frank Lampard – Liam Neeson – George Clooney.

Marion schaut sich George Clooney an, schaut mich an, sagt: »Das nächste Mal aber den Papst, sonst reise ich ab.«

Italien. Das Tartufoeis bei *Tre Scalini* an der Piazza Navona in Rom habe ich zum ersten Mal gegessen bei einer Schulreise Mitte der Sechziger. Nach Mailand bin ich früher zum Spaß gefahren, mit einem Freund, der war mit mir in der Schule, wir kickten zusammen. Der Bruder des Freundes war Geschäftsmann und hatte viel mit Italien zu tun. Er hat uns beigebracht, wie man *isst* und was man trinkt und worauf man achten soll. In Mailand gibt es den Feinkostladen *Peck,* Via Spadari, den gab es damals schon, und damals hatte *Peck* eine Art Schnellimbiss. Dort gab es Zampone, gefüllte Schweinsfüßchen mit Kraut. Con crauti. Das war unsere Wegzehrung, danach sind wir ins San-Siro-Stadion. So fing es an.

Zum Abschluss noch mal Spanien, San Sebastián. Gruppenphase Champions League, Bayer Leverkusen wird in die Gruppe mit Real San Sebastián gelost. Was wenige wissen: die größte Michelin-Sterne-Dichte auf diesem Planeten, umgerechnet auf die Einwohnerzahl, gibt es nicht in Paris, nicht in London, nicht in Tokio. Sondern in San Sebastián. Drei Sterne, zwei Sterne. Ich habe gleich mal die Liste gescrollt und komme aufs

Arzak. Der alte Arzak macht vorne die Honneurs, früher hat er gekocht, heute kocht seine Tochter, und frag nicht wie: ein Traum. Vom frühen Nachmittag bis abends um sechs haben wir da gesessen, acht oder neun Gänge, haben gequatscht, Spaß gehabt, es war angemessen teuer, aber so was machst du ja auch nur ein Mal alle hundert Jahre. Danach Hotel und dann zum Stadion, San Sebastián gegen Leverkusen, ein furchtbares Gekicke. Da kommt jetzt mein Freund Dieter Kürten wieder ins Spiel, sein altes Reisemotto war: »Beim Spiel weißt du nie, was auf dich zukommt. Aber mit dem Essen, da kannst du in der Planungsphase schon vieles richtig machen.«

Scusi Rudi

Edinson Cavani, Riesenfußballer aus Uruguay, sehr dekoratives Langhaar, spielte beim SSC Neapel. Die Fans liebten ihn, er liebte sie. Manchmal findet ein Mensch einen anderen Menschen fürs Leben, manchmal findet ein Mensch auch einen Verein fürs Leben. Dann wurde in Neapel eine Frau überfallen, ihr wurde die Uhr abgenommen, ein schönes Stück im Wert von 18 000 Euro. Das wurde öffentlich, und in den Zeitungen stand: Die Frau war Frau Cavani. Moment der Erkenntnis, bei den offenbar Zeitung lesenden Ganoven: falsche Frau, falsche Uhr. Es gab dann, auf Umwegen, einen Hinweis der Camorra an die Polizei, die Uhr liege da und da in einem Keller. Da lag sie.

Zweite Geschichte: Rudi Völler, dem großen Rudi, ist in seiner Hochglanzzeit beim AS Rom das Auto geklaut worden, der Wagen stand vor seiner Haustür und war auf einmal weg. Riesengeschichte in allen Zeitungen. Moment der Erkenntnis: Wir haben den falschen Wagen. Das Auto wurde ein paar Tage später gewaschen, poliert und voll aufgetankt wieder vor Völlers Tür abgestellt. Auf dem Fahrersitz ein Zettel: »Scusi Rudi«.

Anderthalb Trikots

Ich wollte immer drei Trikots haben, originalsigniert natürlich, das war ein stilles Karriereziel. Keine Fußballertrikots, sondern die anderen. Wayne Gretzky: hab ich gekriegt. Michael Jordan: hat nicht geklappt. Das dritte, von Joe Montana, hatte ich schon, habe es dann aber wieder hergeben müssen. Was die Ausbeute an Legendentrikots angeht, fällt meine Karrierebilanz schlechter aus, als sie hätte ausfallen müssen.

Ich hatte zum American Football durch mein Leben in Wiesbaden einen engen Bezug, ich war Footballkenner, lange bevor das in Deutschland ein bisschen schick geworden ist. Es gab den US-Militärsender *AFN*, und die übertrugen sonntags stundenlang die Spiele der National Football League, genannt *NFL*. Ich habe mindestens 30 Superbowls gesehen, zwei sogar live, weil ich da Filme gemacht habe fürs *ZDF*. Und Joe Montana war, wie heute immer noch, eine Legende damals, Anfang der Neunziger. Die San Francisco 49ers hatten ihre stärkste Zeit, und er war die große Nummer, Quarterback.

Jetzt begibt es sich, dass die 49ers, im Rahmen der NFL-Globalisierungsmaßnahmen, ein Spiel im Berliner Olympiastadion austragen, Gegner sind die Chicago Bears. Wir machen das fürs *Sportstudio,* ich bin Kommentator, Moderator der Sendung ist der große Mime Günther Jauch. Wir senden extra zu diesem Anlass aus Berlin. Damals war das *Sportstudio* noch eine Instanz, und die Amerikaner haben geschnallt, dass sie mit uns was machen müssen. Nach dem Spiel kommt Montana also zu Jauch ins Studio, man redet. Ich hatte meinen guten Freund Jauch schon tagelang vorher darauf eingeschworen, dass er mir Montanas Trikot besorgt. »Und wenn du stirbst an dem Abend – nicht schlimm. Kurz vor deinem Ableben holst du das verdammte Hemd. Sag denen vom Klub, die sollen das mitbringen ins Studio, damit du das anziehen kannst. Das ist dann witzig. Und nach der Moderation lässt du dir das von ihm unterschreiben. Hast du mich verstanden, oder sollen wir es noch mal durchgehen?«

Hatte er verstanden. Also, Günther Jauch moderiert im roten Montana-Trikot, was ihn einige Überwindung gekostet haben wird. Damals stand unser Ü-Wagen am Olympiastadion, und da gab es so eine kleine Kombüse, eine Sprecherkabine, in der hast du dann deinen Spielbericht eingesprochen. Jauch macht im Studio das Interview mit Joe Montana, am Ende lässt er sich das Trikot artig signieren, kommt am Ü-Wagen vorbei und gibt mir das. Ich lege es sofort zur Seite, dann mache ich meinen Spielbericht, zehn, 15 Minuten, wir haben damals viel über das Spiel gemacht offenbar. Bin fertig, packe meine Zettelchen und mein Trikot zusammen, will aussteigen aus dem Ü-Wagen. Da stehen da draußen zwei Hirten. Dunkelhäutig. Durchtrainiert. Zwei Offizielle von den San Francisco 49ers, mittlere Angestellte, schätze ich. Einer sagt: »Das Trikot da, wir hätten es gern zurück.« Welches Trikot? Da kommt noch einer dazu, vom Sender: »Hör auf, die konfiszieren unsere Kamera, wenn du das Trikot nicht rausrückst.« Ich denke: Kann doch nicht wahr sein. Ist ein Gag, oder? Nee. Und dann zeigt der eine von den 49ers, um mir das Ganze auch zu erklären, auf das Trikot in meiner Hand und fragt: »You know how much this is worth?« Und dann nimmt er das Trikot und geht.

Ich habe also eine Stelle an der Wand, die blank ist.

Ihre Lieder, unsere Lieder

Wir müssen nicht über diese Fußballlieder reden, die zu jeder Meisterschaft herausgebracht und eingespielt werden. Jedes offizielle Weltmeisterschaftslied klingt verlässlich nach Plastik oder Blech, es ist aufdringlich auf gute Laune getrimmt, jeder Anklang von Melancholie ist aus diesen Songs herausgewaschen worden, mit einer beißenden Flüssigkeit. WM-Hymnen werden gern von Shakira gesungen, die ihre Verdienste hat. Aber ihre WM-Lieder? Hören und vergessen ist eins.

Fußballlieder, die bleiben, lassen sich weder kalkulieren noch verordnen, sie entstehen durch Zufall, aus einer Laune heraus. Solange nicht die Zeremonienmeister der UEFA, wie bei der vergangenen Europameisterschaft, die Gesangsdarbietungen der Fans als Beleg für eine gelungene Veranstaltung missbrauchen, ist gegen Gesang im Stadion nichts zu sagen. Meine Schweizer Freunde sind kreativ, sie verdichten sogar Gospels zu Fußballliedern. *Kumbaya My Lord* wurde zu »Doumbia, My Lord«; Seydou Doumbia war seinerzeit ein Held bei Young Boys Bern. In der Nationalmannschaft gab es zuletzt eine spezielle Ehrerbietung für den jungen Stürmer Breel Embolo, eine Variation von »The Lion Sleeps Tonight«. »Idä Nati, dä Schwiizer Nati, do isch dä Breel dähei. O Embolo, O Embolo, O Embolo, O Embolo.« Hübsch. Und der Name schreit ja auch danach, gesungen zu werden. Die Bremer haben aus *Hey Jude* mal Micoud gemacht. Das Lied wehte durchs Weserstadion, als Johan Micoud noch spielte, wie eine Hymne auf die Gegenwart und ein bisschen auch schon wie das Echo einer bitteren Zukunft ohne diesen großartigen Spieler. »Micoud, Don't Let Me Down.«

Wenn ich ein Ranking aufstellen sollte, kämen auf Platz drei die Fans von Boca Juniors, die singen können, was sie wollen, es ist immer ein Erlebnis. Sie singen das ganze Spiel durch, in der Hoffnung, den Ball ins Tor singen zu können. Und niemand soll ihnen diese Hoffnung nehmen.

Platz zwei: »You'll Never Walk Alone«, allerdings dann doch in der Version der Fans von Liverpool. Da kommt das Lied her, da gehört es hin, die Mitglieder der Band Gerry & The Pacemakers stammen aus Liverpool. Ich habe es an der Anfield Road zuletzt live gehört beim Viertelfinale der Europaleague 2016, Liverpool gegen Dortmund. Die Zuschauer haben gesungen, und sie haben geschwiegen, eine Gedenkminute für die 96 Opfer der Stadionkatastrophe von Hillsborough. Es war ein Spiel, bei dem du dachtest, hier sind höhere Mächte am

Werk, nicht nur weil Dortmund vorn lag und Liverpool es noch drehte, 4:3. Als sie sangen, hatte ich Gänsehaut, als sie schwiegen, hatte ich Gänsehaut. Der Schiedsrichter blies in die Pfeife, ganz kurz, dann eine Minute totale Stille. Kein Huster, keine Geräusche von Hubschraubern in der Luft. Nichts.

Neuerdings setzt sich die Unart durch, die Schweigeminute durch eine Minute Applaus zu ersetzen. Aber es gibt Momente, da sollen die Menschen schweigen.

Und es gibt Momente, da sollen die Menschen singen. Vielleicht liegt es an meinem empfindlichen Gehör, vielleicht auch an meiner blinden Liebe zu Italien, dass ich finde: Die Menschen sollen vor allem dann singen, wenn sie Italiener sind. Der große Lucia Dalla hat dem nicht ganz so großen FC Bologna ein Lied geschrieben, Bologna war seine Heimatstadt. Und der große Antonello Venditti hat dem größeren AS Rom ein Lied geschrieben, »Grazie Roma«. Es stammt von 1983, als die Roma nach 40 Jahren endlich wieder Meister wurde, die legendäre Mannschaft mit dem Brasilianer Falcao damals, sie nannten ihn den »achten König von Rom«. Venditti hat nie auf der Tribüne gesessen, er stand immer bei den Fans in der curva sud, und im Sommer trägt er seinen weißen Strohhut. Grazie Roma ist keine Hymne, es ist ein einfaches Lied, fast ein Kinderlied. Leicht, sehr verspielt, es klingt nach Amore und Gelato und insgesamt ein bisschen so, wie ich mir Italien vorgestellt habe, als ich es noch nicht kannte. Und auch so, wie Italien immer noch ist, in seinen guten Momenten. Grazie Roma. Es handelt davon, dass es Augenblicke gibt, in denen sich fremde Menschen um den Hals fallen und sich umarmen und zusammen weinen, lachen. Und wo tun sie das? Und bei welcher Gelegenheit?

Ein wunderbares Fußballlied, mit einer dezent gesetzten Pointe: Der Begriff Fußball kommt nicht ein einziges Mal vor.

Stoff der Träume – eine Fachsimpelei über Fetische

Frage an den Liebhaber des schönen Fußballs: die schönsten, die allerschönsten Trikots?

Komischerweise die Gestreiften.

Quer oder längs?

Quer.

Also?

Altona 93. Ein Traumtrikot. Schwarz-weiß-rot, großartig. Hat mir mal in Hamburg einer geschenkt, aber ich fand es immer schon gut. Die spielen in der Adolf-Jäger-Kampfbahn. Auch großartig. Dann: Sampdoria Genua. Wunderbares Königsblau, die Querstreifen auch schwarz-weiß-rot. Um das Ensemble komplett zu machen, ist auf dem Logo die Silhouette eines pfeiferauchenden Seemanns, der aus größerer Ferne allerdings so aussieht wie ein huttragender Vampir. Schließlich: der FC São Paulo, auch rot-weiß-schwarz. Mal längs gestreift, mal schräg.

Rein ästhetisches Empfinden, was den Ausschlag gibt?

Rein ästhetisches Empfinden. Und dahinter auch die Sehnsucht nach einer Reinheit aller Dinge, die es früher zwar auch nicht gab, aber von der wir uns wünschen, dass es sie gegeben hätte. Beispielsweise die Reinheit der früheren Trikots im Vergleich zu den unzähligen Ordenszeichen, die ja jetzt drauf sind. Sternchen für den Meister und goldenes Ärmelemblem für den Meister und Brustwappen für den Weltmeister. Furchtbar. Zu viel, zu grell. Immer ist der Marketingcharakter spürbar: Ohne dieses Sternchen und ohne jenen Schrägdruck ist das Ding nichts mehr wert. Und wenn man in jedem Jahr was spektakuläres Neues an den Start bringen muss, damit die Leute es kaufen, kommt spektakulärer Irrsinn dabei raus. Gerade habe ich im Fernsehen Kroatien gesehen, an dieses rot-weiße Schachbrett-Trikot habe ich mich gewöhnt, das finde ich gut. Aber jetzt haben die Kroaten die Stutzen auch noch im Schachbrett-Design, da wirst du verrückt, wenn du dir das länger anschaust.

Deine Kenntnisse sind …

… meine Kenntnisse sind so sensationell belastbar, dass ich dir sofort eine weitere Schachbrett-Trikot-Mannschaft hinterherschicken kann. Boavista Porto. Schwarzweiß. Auch sehr schön. Das hat mit meinem fotografischen Gedächtnis zu tun. Ich mache die Augen zu und denke an ein Spiel, und dann sehe ich die da rumrennen.

Siehst du auch Ungarn gegen Frankreich bei der WM 1978? Was die Trikots angeht: ein Ereignis.

Weit vor meiner Zeit. Was ist da passiert?

Die Franzosen spielten nicht in Blau, nicht in Weiß, sondern zum einzigen Mal in Grün-Weiß gestreift. Längs gestreift übrigens. Beide Mannschaften hatten nur ihre weißen Trikots eingepackt, da musste Frankreich was anderes anziehen. Der ortsansässige Klub mit dem hübschen Namen Atlético Kimberley half mit seinen Klamotten aus, die Franzosen kombinierten ihre blauen Hosen mit den geborgten grün-weißen Atlético-Trikots. Es sah verboten aus.

Atlético Kimberly. Nicht schlecht. Du sagst mir jetzt dafür drei Mannschaften in Weinrot und Hellblau. Ohne zu googeln.

Hitzlsperger fällt mir ein, West Ham United.

Und Aston Villa. Und Trabzonspor. Die türkische Liga: Sportlich mag sie von zweifelhaftem Wert sein. Was Trikots angeht, ist sie eine Schatzkiste.

Ein Trikot wird veredelt, wenn es noch eine dieser alten, von Hand aufgenähten Nummern auf dem Rücken hat, richtig?

Ja, nichts soll geflockt oder aufgebügelt, nichts aufgeschäumt und schon gar nicht billig eingedruckt sein. Nur die von Hand aufgenähte 10 ist die wahre 10. Aus sehr dickem Stoff. Herrliche Vorstellung: Wie da in den Fünfzigern, Sechzigern jemand sitzt und vor einem großen Turnier die Nummern auf die Trikots der größten Spieler der Welt näht. Eine Frau muss das gewesen sein, nehme ich an. Männer kriegen das so sorgfältig ja gar nicht hin. Die Rolle der Trikotnummeraufnäherinnen in der Geschichte des Weltfußballs ist nie angemessen gewürdigt worden.

Zu den Glanzzeiten der Trikotnummeraufnäherinnen spielten die Brasilianer ganz in Weiß. Kanariengelb wurden sie erst seit dem Trauma bei der Weltmeisterschaft 1950.

Das ist jetzt enzyklopädisches Wissen. Sinnlicher wird es, wenn wir uns darüber Gedanken machen, warum *Nike* nicht imstande ist, den Brasilianern zwei Streifen in den Stutzen zu weben. Dieser rein weiße Stutzen ist scheiße, da müsste Gelb und Grün drin sein, das hatten sie früher. Sie hatten auch Schuhe, die waren enger, viel schmaler geschnitten. Unsere Kämpfer kamen noch mit der Eisenskappen vorne, aber die Brasilianer hatten schon ihre Sprinterschuhe.

Die Weltmeisterschaft 1982, das ist eine Erinnerung an die grandiosen, aber am Ende unglücklichen Brasilianer. Sócrates, Zico, Junior, Eder und die anderen.

Und es ist immer auch eine Erinnerung an die Outfits, in denen Sócrates, Zico, Junior, Eder und die anderen spielten, diese kurzen hellblauen Hosen und das Gelb ihrer Trikots, das allmählich dunkler wurde, durch den Schweiß, der da einsickerte.

Der Schweiß war das einzige erkennbare Zeichen dafür, dass sie sich irgendwie doch anstrengen mussten. Abgesehen davon sah alles, was sie taten, komplett leicht aus.

Man fragt sich manchmal, was aus den Trikots geworden ist, oder? Sócrates' Trikot von 1982, das ist doch eine Reliquie, mit Geld nicht zu bezahlen.

Die Spieler schätzen den Wert anders ein. Joachim Streich, DDR, hat nach einem Länderspiel gegen England sein Trikot mit seinem Gegenspieler getauscht, und später hat er dieses englische Nationaltrikot als Arbeitshemd benutzt, als Lumpen. Er hat es getragen, als er die Decke in seinem Haus neu gestrichen hat.

Erschütternd. Keine Ahnung übrigens, wo das Maradona-Trikot von 1986 abgeblieben ist, aus dem Spiel der Spiele, Argentinien gegen England – das Trikot, aus dessen Ärmel die Hand von Maradona ins Spielgeschehen eingegriffen hat, also die Hand Gottes …

Es befindet sich im National Football Museum in Manchester.

Ach komm. Wie soll das dahingekommen sein?

Schöne Geschichte. Der englische Mittelfeldspieler Steve Hodge, der den fatalen Rückpass vor Maradonas beziehungsweise Gottes Hand-Tor gespielt hat, hat es nach dem Spiel damals gekriegt. Alle wollten das Trikot, aber Hodge hat Maradona im Spielertunnel getroffen, da haben sie die Trikots getauscht. Hodge hat ein wirklich schönes Buch geschrieben, seine Biografie »The man with Maradona's shirt«. Er schreibt, von seiner Karriere sei vor allem geblieben, dass er der Mann ist, der dieses Trikot hat. Er war ein paarmal im Fernsehen mit dem Trikot, und irgendwann hat er es dem Museum gegeben, weil die es artgerecht aufbewahren und entsprechend hoch versi-

chern können. Es ist eine Dauerleihgabe, es gehört nach wie vor ihm.

Ob Maradona das Trikot von Steve Hodge wohl noch hat?

Gute Frage.

Zurück zu unserer kleinen Farbenlehre. Wer spielt in Gelb-Rot?

Galatasaray Istanbul. Auch die Fort Lauderdale Strikers damals, mit Gerd Müller.

Sehr gut. An höheren Feiertagen außerdem Freiburg und Karlsruhe, weil Gelb und Rot die badischen Farben sind. Und: Partick Thistle! Ein Klub aus Glasgow. Den schottischen Fußball habe ich immer geliebt, auch wenn man die Farben der Trikots manchmal nicht mehr erkennen konnte. Fotografisches Gedächtnis: Glasgow Rangers gegen Celtic, Mitte der Achtziger, es war kalt, windig, Regen. Der Rasen war als Rasen nicht mehr erkennbar, das war ein Acker, von 44 Beinen umgepflügt und umgerührt. 90 Minuten haben die sich bearbeitet, Kampf und Hingabe. »It's a klassiker«, wie der Franz sagen würde. Inselfußball. Ein bisschen ungelenk, aber sehr ehrlich. Die Leute bekamen etwas geboten für ihr Geld.

Am Ende ein strahlendes 1:1?

Am Ende ein schmutziges 4:4. Alle Hemden sahen entsprechend aus. Aber die Reinheit des Fußballs hängt nicht ab von der Sauberkeit seiner Trikots.

Nachspielzeit

Was der Fußball mir gegeben hat

Danke, Fußball

Die Verbrecher in den Verbänden können sich anstrengen, wie sie wollen. Der Fußball wird stärker sein. Der Fußball kann Menschen retten. Ich muss das wissen. Ich habe es erlebt.

Als meine Eltern mit mir und meiner Schwester nach Kaiserslautern kamen, war ich acht Jahre alt. Ich sprach ein paar Brocken Deutsch aus dem Schlesisch meiner Großmutter, ein bisschen Jiddisch und Polnisch natürlich. Das ergab einen Strichcode, mit dem man familienintern verstanden wurde, aber eben nur familienintern. Meine Mutter sprach dieses wunderbare Warschauer Damenpolnisch, das hörte sich an, als würden Wellensittiche zwitschern. Sie steckten mich in die erste Klasse der Volksschule, als Achtjähriger musste ich zu den Sechsjährigen, ich kam jeden Tag entsprechend unglücklich nach Hause. Du machst ja sofort zu als Kind, wenn du merkst, hier komm ich nicht weiter. Irgendwann musste meine Mutter zum Deutschlehrer, er sagte, es würde mir ganz guttun, das Schuljahr noch mal zu machen, um erst mal eine Basis zu schaffen. Dann hätte ich drei Jahre in der ersten Klasse verbracht. Das waren die Aussichten.

Meine Rettung war – und ich sage dieses sehr bewusst – der Fußball. Rettung. Jedes andere Wort wäre zu schwach. Meine Mutter hatte gehört, dass beim 1.FC Kaiserslautern schon die ganz Kleinen kicken dürfen, sie meldete mich da an, sie hat mich einfach reingeworfen. Eine Mischung aus Verzweiflung, purer Not und mütterlichem Instinkt. Das erste Mal tobten wir in einer Turnhalle, es roch, wie es in Turnhallen riecht, da lagen diese dicken blauen Matten gestapelt in der Ecke, und die Mütter standen am Rand und schauten zu. So fing es an, und irgendwann hieß es dann: Morgen sind wir auf dem Betzenberg, beim Kindertraining, mal schauen, wer da mithalten kann. Es war wie ein Wechsel in eine höhere Liga, von der Halle raus auf den Platz. Aber es war kein Problem, ich konnte gut rennen. Zu behaupten, dass der Ball mir damals schon gehorcht hätte, wäre maßlos übertrieben. Aber anderen gehorchte er weniger.

Alle wussten, es war besser, mich in der eigenen Mannschaft zu haben, deshalb wurde ich immer schnell gewählt, wenn die Teams aufgestellt wurden. Ich lernte, dass ich eine Bedeutung habe, ich lernte es spielerisch und ohne die Bedeutung des Wortes »Bedeutung« nur zu ahnen. Für das Spiel unserer Mannschaft war ich wichtig. Wie gut ich Deutsch sprach, war nicht wichtig. Solange du deiner Mannschaft hilfst, ist das egal.

Die Erkenntnis, ein bereichernder Teil von etwas Größerem zu sein, ist erst mal gar keine Erkenntnis, sondern ein Gefühl, ein großes und großartiges Gefühl. In dem Alter läuft alles über Gefühle, es gibt noch keine Abstufungen, keine Puffer. Angenommen werden oder abgelehnt werden, das sind die Pole. Wenn du abgelehnt wirst, bricht alles zusammen um dich herum. Wenn du angenommen wirst, pumpt dein kleines Herz und du kannst fliegen. Wer in der Schule abgelehnt wird, für den ist der Fußballplatz wie ein Erholungsheim, in dem er all das erlebt, was er sonst nur herbeisehnt.

Später, als ich Kommentator war, hat mir der Fußball ein spannendes Leben geschenkt, Reisen, Erfahrungen, Begegnungen, mit durchaus auch bizarren Menschen. Viel wichtiger war, dass der Fußball mir, als ich Kind war, Mut gemacht und mir ein Selbstbewusstsein mitgegeben hat wie eine Wegzehrung. Ich bin durch den Fußball integriert worden. Ich lernte, als ich in der Fußballmannschaft des stolzen FCK angekommen war, auch die verdammte Sprache, es ging von einem bestimmten Punkt an sehr schnell. Statt die erste Klasse drei Mal zu machen, übersprang ich die zweite und war in der dritten endlich so alt – oder so jung – wie meine Klassenkameraden. Ich war danach kein Überflieger in der Schule, aber in der Quinta habe ich schon mit Doktor unterschrieben, auf einem Zettel habe ich das geübt. Dr. Reif. Mein Lehrer sagte: »Dr. Reif. Wenn du so weitermachst, wird das noch sehr lange dauern.«

Ich war gewachsen, weil der Fußball mich hat wachsen lassen. Er hat mich ein Stück weit unangreifbar gemacht.

Uwe Seeler hat eine Biografie geschrieben oder schreiben lassen, »Danke, Fußball«. Der Titel mag sich flach anhören, andererseits: Großen Sätzen – und erst recht den großen Sätzen von Uwe Seeler – sieht man ihre Größe auf den ersten Blick nicht an.

Es ist kein Zufall, dass in der Diskussion über Integration oft Fußballklubs eine Rolle spielen. Kinder, die mit Ausländern in einer Mannschaft sind, entwickeln ein Gefühl dafür, den Menschen zu sehen, den Mitspieler. Alle Menschen sind gleich. Großer Satz. Aber in einer Mannschaft beginnt er zu leben. Kurz gesagt: Ich würde nicht pauschal behaupten, dass jeder Sport eine Schule fürs Leben ist, die Egoismen in Individualsportarten können draußen eher schädlich sein. Aber was man lernt, wenn man in einer Mannschaft steht, das bleibt. Wenn man den Ball im Mittelfeld verliert und hinten steht einer und bügelt das aus – das sind Momente von Solidarität, die vergisst man nicht, vielleicht vergisst man sie nie. Und es ist komplett wurscht, ob der, der das für dich ausgebügelt hat, schwarz oder gelb oder gepunktet ist.

Vielleicht rege ich mich deshalb so darüber auf, wenn man den Gesang der Fans inzwischen wichtiger nimmt als das Spiel. Ich finde, dass der Fußball es verdient hat, ernst genommen zu werden. Er kann Leben retten.

Meine beiden jüngeren Söhne gehen in Zürich auf

die Internationale Schule. Der Torwart in ihrer Schulmannschaft ist Inder, und weil ich den Namen nicht im Kopf hatte, habe ich ihn mal beim Plappern zu Hause »McCurry« genannt, das war augenzwinkernd gemeint, sehr augenzwinkernd. Für einen meiner Söhne war es ein rassistischer und also bemerkenswert dämlicher Spitzname. McCurry? Der weiß nicht, was daran witzig sein soll, der spürt, dass da jemand in eine Ecke gedrängt werden soll wegen seiner Nationalität. Vielleicht sieht er das zu kritisch, vielleicht ist man in dem Alter noch zu radikal, um einen überflüssigen Namenswitz tatsächlich als Witz verstehen zu können. Aber mir gefällt, dass der Sohn es sieht, wie er es sieht. Und seinem Großvater hätte es gefallen, wenn er ihn kennengelernt hätte.

Manchmal sind ein paar ihrer Klassenkameraden bei uns zu Hause: ein schwarzer amerikanischer Mitschüler, ein schwedischer Mitschüler. Der Schwarze hat das mitreißendste Lachen der Welt. Der Schwede ist sehr blond, sehr bleich, sehr schweigsam. Die sind beste Freunde, und wenn sie mit meinen Jungs zum Fußball gehen, schaue ich ihnen gerne hinterher.

Sehr verschieden aussehende Menschen, die – im Moment jedenfalls – vieles haben, was sie verbindet. Es erinnert mich an die Zeit, als ich klein war. An das Gefühl, Freunde gefunden zu haben, durch den Fußball.

Uwe Seeler hatte recht, als er seine Biografie genannt hat, wie er sie genannt hat.

Mein Verein für immer

Immer wird der 1. FC Kaiserslautern der Verein meines Lebens bleiben, so wie Fußball das Spiel meines Lebens bleiben wird. Was ich empfinde, wenn ich an Fußball denke? Dankbarkeit. Wir sprachen schon darüber: Der Fußball hat mich gerettet. Was ich empfinde, wenn ich an Kaiserslautern denke? Dankbarkeit. Die Liebe zu einem Verein lässt sich nicht erklären? Ich widerspreche.

Kaiserslautern ist ein Synonym für Provinz, aber ich war glücklich damit, nicht nur, weil ich nicht wusste, was das ist, Provinz. Kaiserslautern hatte etwas Überschaubares, und für ein Leben in meinem Alter damals war das völlig ausreichend. Es war ein Glück, dass es mich dahin verschlagen hat, in Kaiserslautern konnte ich sehr schnell als Fußballer glänzen und als Migrant eine Akzeptanz kriegen und mich als Mensch entspannt einfügen. Ob das in München so gegangen wäre, ob sie mich da mit so offenen Armen empfangen hätten? Weiß ich nicht. Provinz – da schwingt für mich nichts Abfälliges mit, Provinz verbindet sich für mich mit Wärme, Erklärbarkeit. Kaiserslautern hat mir nie Angst gemacht, für ein Kind ist das wichtig: umgeben sein von Menschen, Orten, Dingen, die möglichst wenig Angst machen.

Irgendwann ist ein Leben nicht mehr automatisch schön, wenn es ohne Angst gelebt werden kann. Irgendwann will man das Abenteuer. Dann nimmt man die Tierbabybilder von der Wand und hängt seine Rockstars dahin oder seine Fußballer. Bei mir hing Jacobus Prins, sein Porträt aus dem *Sport-Magazin,* dünn signiert mit Kuli, weil es diese dicken Eddingstifte damals noch nicht gab. Jedenfalls nicht in den Schreibwarengeschäften von Kaiserslautern.

Mein Aufbruch war verbunden mit seiner Ankunft in Kaiserslautern. Jacobus Theodorus Prins wechselte 1963 von Ajax Amsterdam zu uns, Gründungssaison der Bundesliga, ich war 13. Ich wusste nichts von Amsterdam, aber wir hatten gehört, wie es da zugeht. Im Amsterdam saßen Frauen nackt in Fenstern. Solche Geschichten. Prins brachte in die voller Liebe beschriebene Provinz: die Welt. Amsterdam und Kaiserslautern. Wenn der Weltgeist ein Gefühl dafür hat, Gegensätze aufeinanderkrachen zu lassen, dann hat er sich mit diesem Transfer selbst übertroffen.

Sie nannten ihn Co, und in besonders innigen Momenten auch Cotje, er war einer der ersten Ausländer in der Bundesliga. Heute ist man ja froh, wenn nicht nur Spieler von überall her in der eigenen Mannschaft spielen, sondern gelegentlich auch mal einer aus der Gegend. Damals war ein Holländer ein Exotikum per se. Und er sorgte dafür, dass er es blieb. Prins war da, aber er blieb fremd, er hat sich nicht eingemeinden lassen. Wie sein Deutsch war? Die Schallarchive geben da ja nicht viel her. Die Bundesliga wurde noch nicht von Scheinwerfern ausgeleuchtet, vieles wurde nicht mitgeschnitten, vieles lässt sich deshalb nicht nachträglich dokumentieren und rekonstruieren. Für das Leben und Überleben von Idolen ist es dienlich, wenn nicht 30 Jahre später die Revisionsabteilung ihren Dienst aufnimmt und fragt, ob alles wahr war.

Gestorben ist Prins später sehr jung, mit 49, er spielte in einer Altherrenmannschaft in Belgien, schoss ein Tor, jubelte, und noch im Jubel erwischte ihn der Herzinfarkt. Ein anderer Abschied hätte irgendwie auch nicht gepasst zu diesem Leben.

Co Prins hatte in Kaiserslautern seine Verlobte, eine Balletttänzerin, aus dem Theater entführt und ist tagelang mit ihr verschwunden. Co Prins hatte einen Cadillac, mit dem fuhr er nach Mannheim ins Rotlichtviertel und zündete sich die Zigarre mit einem Zehnmarkschein an. Ob das alles wahr war? Wenn nicht, war es wenigstes gut erfunden. Wir lasen das, wir wussten nicht, was das alles bedeutete, aber die Alten haben schwer geatmet, und im Stadion haben sie geschimpft, wenn er schlaff aussah. Die zogen sich ja ihren Sonntagsstaat an zu den Bundesligaspielen und hatten Hüte auf, man sieht das auf den alten Bildern, sie richteten sich her für den Stadionbesuch, sie nahmen Haltung an. Das war ja noch die Zeit vor den Studentenunruhen, wo es langhaarige Männer nicht mal in den Unis gab, auf den Fußballplätzen sowieso nicht. Und schon gar nicht in Kaiserslautern.

Co Prins? Dem hing das Hemd aus der Hose, und der hatte die Stutzen ganz unten, damals gab es ja noch keine Schienbeinschonerpflicht. Die anderen waren auch Stars, unsere erste Mannschaft, aber sie hatten nicht diesen Glanz. Um sich in die weite Welt aufzumachen, dafür musste man schon etwas haben, etwas anderes. Da musste man schon so sein wie er.

Wenn unter Flutlicht gespielt wurde, Freitagabend, war der genial. Das lag auch am Licht, da glänzten die Trikots und Hosen, das hatte eine völlig andere Anmutung. Flutlichtspiele waren noch etwas Besonderes, die Nebelschwaden krochen an den Masten hoch, und die Spieler sahen anders aus als sonst, wie von innen beleuchtet. Einen gab es in der Mannschaft, Erich Meier, bei dem war die Atmosphäre dieser Spiele Teil seines Kampfnamens geworden, sie nannten ihn »Flutlicht-Meier«. Bei diesem Licht durften die Kämpfer aus der Pfalz Tänzer sein. Aber wie Cotje tanzte keiner.

Das Autogramm habe ich mir an einem Sportplatz in Hohenecken geholt, wo er wohnte. Wir hatten dort ein Jugendspiel, und ich glaube mich daran zu erinnern, dass ich ein paar Nächte vorher von diesem Spiel geträumt habe. Wie Co Prins, der sich das Spiel an seinem Heimatort natürlich ansah, nach Schlusspfiff auf mich zukommt und sagt: Du spielsch ja besser wie isch. In meinem Träumen sprach er pfälzisch. In meinen Träumen war Prins nach diesem Spiel in Hohenecken mein Mentor, gemeinsam würden wir die Grenzen des Fußballs neu abstecken, wir würden beide die Stutzen unten haben, und uns würde beiden das Trikot aus der Hose hängen. Wir würden uns nicht verausgaben, aber das Nötige, was wir täten, würde ausreichen, um die Welt zu begeistern. Erst die Pfalz, dann die Welt.

Leider hatte ich mich kurz vor dem Spiel in Hohenecken verletzt und konnte nicht mitmachen, und Co Prins konnte nicht sehen, dass ich mich bewegte wie er. Dass ich er war. Er war tatsächlich im Publikum bei diesem Spiel, und ich konnte ihm immerhin auf der Tribüne für einen Moment ganz nah sein.

Ich habe lange darüber nachgedacht, warum ausgerechnet Co Prins mein Idol gewesen ist. Kein Held. Ein Idol. Mein erstes und einziges Idol. Danach: Wayne Gretzky, klar. Aber Gretzky hatte ich als Reporter gesehen und als Reporter interviewt, meine Beziehung zu ihm war beruflich, und es ist nichts Besonderes, von Gretzky fasziniert zu sein. Alle sind es.

Co Prins dagegen musste von mir immer wieder verteidigt werden, gegen meinen Vater, der ihn faul und apathisch fand. Für mich war er genial und aufregend. Meine Compassion für Prins war mein privates Revoluzzertum in der Familie. Er gab mir die Gelegenheit, etwas Verbotenes gut zu finden. Dagegenzuhalten, meine Meinung zu sagen, mal abzuklopfen, wie sie so reagieren, mein Vater und die anderen Alten mit ihrer Dauerkarte auf der Haupttribüne. Mein Vater wollte testen, ob ich mich wehre und anständig bleibe im Wehren. Und ich wollte schauen, ob ich meine Meinung durchhalten kann und ob mein Vater das akzeptieren würde.

Bis heute hat kein Spieler in Kaiserslautern das Publikum derart in Wallung gebracht, Hass oder Verehrung, dazwischen gab es nichts. Inzwischen würde man sagen: Co Prins ist ein Mann, der polarisiert. Wenn ich in der Zeitung oder im Internet gelesen habe: »Reif polarisiert mal wieder«, habe ich an Co Prins gedacht. Wie sich die Dinge am Ende noch runden. Ich konnte damals nicht spielen wie er, aber ich konnte später polarisieren wie er.

Wenn Cotje das noch hätte erleben dürfen.

Capo di Napoli

Es begibt sich, dass der FC Bayern in der Champions League dem ruhmreichen Verein Società Sportiva Calcio Napoli zugelost wird, wir kennen ihn als SSC Neapel. Ich hatte es immer gern, wenn meine Frau bei solchen Reisen dabei war, man konnte schön essen, man hatte Spaß, ich konnte ihr etwas zeigen. Wir waren erst ein paar Tage auf Capri gewesen, dann mit der Fähre rüber nach Neapel, das Taxi kommt, ich bin schlecht gelaunt, keine Ahnung, was los war: irgendwas mit dem Gepäck. Der Taxifahrer dreht sich um zu mir: »Was willst du? Du kommst aus Capri, hast eine schöne Frau, bist in der mit Abstand schönsten Stadt der Welt – und bist schlecht gelaunt? Was soll das? Was machst du eigentlich hier?« Sage ich: »Ich muss heute Abend zum Fußball. Dienstlich.« Leichte Erregung seinerseits, deutlich spürbar, in der Saison war Neapel zum ersten Mal seit Maradonas Zeiten wieder in der Champions League. Der Taxifahrer heißt Giuseppe, so weit sind wir also schon, beim Du, und er schlägt einen Deal vor: »Wenn du mir eine Karte für heute Abend besorgst, fahr ich euch umsonst durch die ganze Stadt, wohin ihr wollt. Wenn du mir noch eine Karte für meinen Bruder besorgst, fahre ich euch noch weiter.« Ich bin noch immer schlecht gelaunt, aber ich rufe meine Leute beim Sender an. Zwei Karten? Geht okay.

Niemand kann sich vorstellen, was in dem Gesicht dieses Taxifahrers passierte in diesem Moment. Zwei Karten. Ein Mann von Mitte 40, Neapolitaner. Fassungslose Begeisterung. Irre. Mein erster Auftrag an meinen neuen Freund: Besorg mir einen Maradona. Ich hatte gehört, dass es in Napoli eine Gasse gibt, da machen die nur Krippen und Krippenfiguren, unter anderem schnitzen sie dort Maradona. Als Krippenfigur. »Den will ich haben, koste es, was es wolle.« Okay, sagt er, besorg ich dir.

Abends holt Giuseppe mich mit seinem Taxi vom Hotel ab, wir fahren zum Stadion, ein liebevoll handgearbeiteter Maradona begleitet uns wie ein guter Geist. Giuseppe ist angemessen beeindruckt davon, dass ich der Kommentator des Spiels bin, das hatte ich ihn inzwischen wissen lassen. Wir kommen an, er stellt das Auto ab, direkt am Stadion, ich sage: »Ich glaub nicht, dass wir hier parken können.« Er sagt: »Du musst dir um das Auto keine Sorgen machen. Solange ich bei dir bin, musst du dir um gar nichts mehr Sorgen machen.« Ich nehme ihn also zum Dank vor dem Spiel mit in den Innenraum, wir laufen auf den Rasen, er fotografiert und fotografiert sein Smartphone leer, und als wir vor der Napoli-Fankurve ankommen, bleibt er stehen und wird von den Leuten gefeiert. Ich habe die Dimension gar nicht überrissen, außer dass es natürlich hinreißend folkloristisch war. Wegen eines Taxifahrers drehen die komplett durch.

Unser Produktionsleiter: »Das ist ein Freund von dir, oder? Pass auf: diese Ehrenrunde, die der da dreht, das geht nicht. Die UEFA wird sauer, das kann er nicht machen.«

Wir fangen Giuseppe vorsichtig ein, er sitzt während des Spiels in meiner Nähe, beste Laune, alles perfekt. Danach, bei der Rückfahrt, eröffnet er eine zusätzliche Fahrspur, damit wir pünktlich ins Hotel kommen. Volles Rohr heimwärts, knapp überlebt, Verabschiedung mit Kuss, links und rechts. Ciao.

Ich merke, dass ihm noch was auf der neapolitanischen Seele sitzt. Er druckst ein bisschen rum: Na ja, in zwei Wochen ist ja Rückspiel, sein Bruder und er, sie würden alles selbst organisieren. Nur die Karten. Zwei?

Kürzen wir es ab: Er hat die Bayern-Karten gekriegt, und nach ein paar Tagen kommt ein Paket bei uns an. Ein Kilo Bufala, selbst gebackene Kekse, von seiner Tante, Cantuccini, nur die Tante kann die so machen. Limoncello, direkt von der Amalfiküste. Was du willst. Weihnachten schickt er mir immer selbst gemachte Filmchen von der Familie, wie man sie bei YouTube sieht, aber nicht lustig, sondern klerikal. Mit gebührender weihnachtlicher Vorfreude habe ich die immer angeschaut.

Zwei Jahre später ergibt es sich, dass der ruhmreiche Verein Società Sportiva Calcio Napoli in der Champions League an die Borussia aus Dortmund gerät. Schreibt er: »Du weißt, worum es geht, zwei Karten, und ich zeige dir, was du willst und was du noch nie gesehen hast. Zwei Karten.« Also, ich lande in Neapel, er holt mich mit dem Taxi ab, wir fahren an die Amalfiküste, ein Freund von ihm hat da ein Restaurant. Wir sitzen im Auto, sind aus Neapel noch nicht raus, Giuseppe hat ein kurzärmliges Hemd an, und auf einmal sehe ich auf seinem Arm so eine gewaltige Tätowierung. Römischer Gladiatorenkopf, so etwas, wir fahren Richtung Amalfi, und durchs Fenster sehe ich ein Graffito an einer Mauer, genau dieser Kopf, genau der gleiche.

»Giuseppe, was ist das? Das Ding auf deinem Arm, das Ding auf der Mauer?«

»Ach so, das Ding. Na ja, das ist das Stammessymbol der Ultras in Neapel. Ich war jahrelang der Capo.«

»Der Capo.«

»Der Capo. Inzwischen bin ich nur noch so was wie der Ehrenpräsident.«

Abends fahren wir wieder zum Stadion, parken direkt vorm Stadion, er sagt, dass ich mir um nichts Sorgen machen soll, und inzwischen habe ich eine Ahnung davon, warum ich mir um nichts Sorgen machen soll. Wir gehen ins Stadion, Innenraum, er macht sich wieder auf die Ehrenrunde, und in der Fankurve drehen sie durch, als sie ihn sehen. Deswegen feiern die den: Ihr alter Chef hat es so weit gebracht, dass er mit dem deutschen Telecronaca-Kasper gemessenen Schrittes durch ihr Stadion gehen kann.

Giuseppe hat mich überall hingebracht. In Wahrheit habe ich ihn dahin gebracht, wo er hinwollte. Giuseppe, der Capo. Herrlicher Kerl.

Freundschaft und nicht nur Freundschaft

Ich habe im Leben manche Dinge verhunzt, manches habe ich okay hingekriegt, eins hab ich besser hingekriegt, das ist entstanden in einer Nacht am Schreibtisch. Ich konnte nicht schlafen und habe mich hingesetzt und den Text der anstehenden Trauerrede auf Michael Palme geschrieben. Am Stück. Nichts zerrissen, nichts zerknüllt, es floss. Nachts um drei Uhr war ich fertig.

Das als Meisterleistung zu verkaufen, wäre pietätlos. Aber frag die, die es gehört haben. Es war nichts Spekulatives, nichts war auf Wirkung getrimmt. Jeder Satz hat das getroffen, was er treffen sollte. Ist mir irgendwann mal etwas Ähnliches gelungen? Bestimmt nicht. Das umgefallene Tor? Zwei Erwachsene haben Spaß und dürfen Kinderkram machen und jazzen sich hoch, und am Ende wird eine Anarchienummer daraus. Das ist Kasperletheater verglichen mit einer Abschiedsrede für einen Freund.

Michael Palme war früher Chefcutter beim *ZDF*, meinen ersten Film als Hospitant hab ich mit ihm geschnitten, ein Stück über Erwachsenenbildung. Er hatte einen Harem von Cutterinnen unter sich – und ich weiß, was ich gerade sage. Ich sehe uns heute noch das Ding schneiden. Als ich später ins Sportressort wechselte, war er einer der Macher in der Sendung *Sportspiegel*, er trat am Anfang wie ein Platzhirsch auf die Lichtung und legte die Strömungsverhältnisse fest: »So mein Freund. Du weißt, ich hab dich noch nie besonders gemocht. Wenn du glaubst, du machst dich hier richtig schick breit – vergiss es einfach.« Wir haben gestritten wegen jeden Scheißdrecks, auch wegen jeder Formulierung. Wir waren Rivalen, sogar in der Fußballmannschaft des *ZDF*. Ganz klassische Frage: Wer trägt die 10? So ging das, bis der gegenseitige Respekt mit der Zeit gewachsen ist. Wenn was schlecht war, hat Michael zu mir gesagt: Du hast sie nicht alle. Wenn was gut war, hat er zu mir gesagt: Du hast sie nicht alle. Und manchmal war was richtig gut, und dann hatte Michael genug Größe, auch dafür die richtigen Worte zu finden. Bei aller Rivalität nicht das Gefühl für Wertschätzung zu verlieren, das ist ja eine Kunst.

Ich machte einen *Sportspiegel* über Enzo Ferrari. Das waren richtige Filme damals, auf 16 Millimeter gedreht, dann gab es die Sprachaufnahmen: Du bekamst einen Termin in einem Studio zugeteilt, da saßen Tontechniker, und dann wurde alles ausgependelt. Wirklich, größter Aufwand. Ganz am Ende die Abnahme. Michael Palme kommt als verantwortlicher Redakteur und nimmt das ab, dann läuft das ganze Ding noch mal komplett durch, und Michael sagt: »Das ist ein über die Maßen guter Film.« Ich habe nie davor und nie danach ein Lob gehört, das mich ähnlich umgehauen hätte.

Es gab damals beim *ZDF* einen Sendeleiter, Kutte Meinecke. Kam aus Berlin-Ost. Hatte rübergemacht. Das war einer der harten Kujonierer. In den Montagskonferenzen sagte Meinecke nicht viel, aber manchmal musste einfach was raus. Einmal kam der Reporter Bernd Heller von einem Skirennen zurück, Meinecke hatte die Übertragung gesehen, er meldete sich: »Herr Heller, wat ick Sie immer schon mal fragen wollte: Mit was atmen Sie eigentlich während so 'nem Rennen? Ick gloobe, Sie atmen mit'm Arsch, wa? Na, mit'm Mund könn Sie ja nich atmen, Sie quasseln ja ununterbrochen.«

Das haben wir übernommen. »Heut atmest du wieder eindeutig mit dem Arsch«, hat Michael zu mir gesagt, wenn ich zu viel gequasselt habe, das war substanzielle Kritik.

Sie hatten ihn rausgeekelt beim *ZDF,* er hatte dann bitter seinen Vorruhestand genommen, war aber ganz glücklich, dass er aus der Mühle raus war. Da hab ich zu ihm gesagt: »Hör zu, du wirst mein Assistent bei *Premiere.* Du wirst weder berühmt noch irgendwas, aber du fährst mit mir, und wir haben Spaß im Leben. Wir ziehen rum.« Er hat sich das angehört, überlegt, dann hat er gesagt: »Komm, wir machen das.«

Das war 2004, und da fing das mit uns an, da fing das erst richtig an. Dann ist der mein großer Bruder geworden. Hat sich um mich gekümmert. Hat mich fürsorglich beschimpft. Hat mich geschützt, bei meiner Scheidung von meiner zweiten Frau hat der mich über Abgründe geschleppt. Der hat mir das Leben gerettet, ein paarmal. Mir ging es so schlecht, ich hatte zwölf Kilo abgenommen. Die Frau war ja weggegangen, die Kinder vier und sechs – das war mir ein Zusammenbruch der Welt. Aber ich musste Spiele kommentieren, mit allem emotionalen Getue. Einmal, in Barcelona, habe ich einen Weinkrampf gekriegt nach dem Schlusspfiff.

Es gab ein Spiel in Kaiserslautern, FCK gegen Bayern. Mein ältester Schulfreund aus Kaiserslautern ist Psychotherapeut, der ging mit zu dem Spiel und saß neben mir, und Michael saß auf der anderen Seite. Ich hab das kommentiert, aber eigentlich hätte ich den Zuschauern sagen wollen: »Wissen Sie was, Sie können sich das Spiel in die Haare schmieren, mir geht es miserabel. Lassen Sie mich in Ruhe.« Michael hat das gespürt, er hat mich beruhigt, manchmal hat er mich nur angeschaut.

Dann war das Spiel endlich vorbei, und Michael hing völlig erschöpft auf seinem Platz, blass, fertig. Und da sagt mein Freund, der Psychotherapeut: »Guck mal, wie kaputt der ist. Was der jetzt anderthalb Stunden mit dir gemacht hat.« Und er macht so eine Geste, wie wenn man sich einen Rucksack umschnallt. »Das Tragen strengt an.«

Den Leuten, die uns nicht kannten, kam es immer so vor, als würden wir streiten, aber wir stritten schon lange nicht mehr. Nicht ein einziges Härchen hat sich aufgestellt, wenn wir so taten, als stritten wir. Das Streiten war nur noch Fassade, ein Spiel, eine Maskerade. Tatsächlich gehörten wir zu den Menschen, die miteinander ihren Frieden gefunden haben. Ich habe in die Rede für Michael einen Satz geschrieben: »Irgendwann ging uns das Streiten aus.«

Wir waren Rivalen gewesen, dann Kollegen, dann Bekannte, gute Bekannte, dann Freunde, dann die allerbesten Freunde. Wir hätten wahrscheinlich geheiratet, wenn das so weitergegangen wäre.

2010 waren wir zusammen auf einer Kreuzfahrt, Karibik, er mit seiner Lebensgefährtin, ich mit meiner Frau. Landgang in St. Martin, das ist halb holländisch, halb französisch. Wir waren zu viert im Taxi, runter zum Strand, wir haben wirklich gelacht wie nie zuvor. Zoten, irgendwelche Witze darüber, wie man Limbo auch tanzen kann. Wahrscheinlich kommt einem in der Rückschau dieser eine Moment, bevor alles kaputtgeht, immer besonders intensiv vor.

In der Strandbar gab es Scampi und kalten Roséwein. Und dann hat Michael sich in die Sonne gelegt und sich gerben lassen, das hat er immer so gemacht. Trotz Bluthochdruck. Wir haben gesagt: Du spinnst. Aber das war ihm egal. Irgendwann müssen wir zurück aufs Schiff. Hinter der Bar ist ein Taxistand, wir warten aufs Taxi, er steht etwa vier Meter von mir entfernt. Auf einmal rennt der los und rennt mir mit voller Wucht gegen die Schulter und durch mich durch. Ich sage: »Was ist jetzt daran lustig?« Und er rennt noch ein paar Schritte und fällt, fällt mit dem Kopf auch noch auf einen großen Stein, hat so eine leichte Platzwunde. Liegt da. Wir wollen ihn aufheben, da hängt ihm die Lippe links runter. Und da sagt meine Frau: »Um Gottes willen, das ist ein Schlaganfall.«

Falscher Ort. Falscher Zeitpunkt. Sie haben ein Unfallkrankenhaus da, aber keins mit einer Stroke-Unit. Nach einer Woche ist er rausgeflogen worden, nach Deutschland, dann hat er in Wiesbaden noch drei Wochen im Koma gelegen, und dann ist er den Ärzten unter den Händen weggestorben. Abends war Pokalspiel, Osnabrück gegen Schalke. Schalke hat gewonnen.

Wenn du als Kommentator in Schalke ankommst, gehst du erst mal unten entlang, gehst an den Zuschauern vorbei, die sitzen ein bisschen höher. Einmal war die Stimmung wieder ziemlich aufgeladen. Michael geht gleich nach links und schiebt mich immer weiter vom Publikum weg. Ich sage: »Was soll das denn jetzt?« Von ihm nur dieser Befehl: »Hier läufst du. Hier!« Er war ein Puffer zwischen mir und diesen Leuten. Wir gehen weiter, und irgendwann fängt das an, die erkennen einen, und dann hörst du es von oben: Reif, du Arschloch.

Dumme Sau. Ich bleibe also stehen und schaue hoch. Michael schiebt mich weiter. Der Typ von oben ruft: Reif, du Wichser. Michael schiebt und schiebt, ich sage: »Aber Michael, du hörst doch, der Herr möchte mit mir sprechen. Der möchte mir doch offensichtlich etwas sagen.« Ich bin kurz davor, da hochzugehen und Dinge zu tun, die niemanden weitergebracht hätten, aber Michael sagt: »Halt einfach die Fresse.« Dann schiebt er mich weiter.

Das wäre ein schönes Bild gewesen, von weiter oben aufgenommen, mit einer dieser Kameradrohnen, die sie jetzt überall haben. Der Abspann eines Films über uns beide, den es leider nicht gibt: wie wir beide nebeneinanderher stapfen, durch das Getöse in diesem Stadion, und nicht nur in diesem Stadion.

In der Schweiz

Wenn der FC Lugano spielt, nehme ich den Zug ab Zürich, es geht erst hoch auf den Gotthard, man fährt durch Schneelandschaften, dann kommt man auf der anderen Seite wieder runter. Lugano. Kleines Stadion, aus deutscher Sicht eher eine Bezirkssportanlage. Aber mit Geschichte: Im Stadio di Cornaredo fand bei der WM 1954 ein Spiel in Gruppe 4 statt, Italien gegen Belgien, ein Glanzpunkt in der Geschichte dieses Stadions, traumhaft gelegen übrigens. Umgeben von Hügeln, aber unten auf dem Platz geben sie sich richtig auf die Hölzer. Lugano spielt gegen St. Gallen, St. Gallen gewinnt 3:2. Schwacher Schiedsrichter, aufgeladene Atmosphäre. Wir stehen am Spielfeldrand, auf einmal segeln Stühle über die Umzäunung, schwere Aschenbecher hinterher. Zeug fliegt. Wir beschließen, mit den Kameras ein paar Meter wegzugehen vom Publikum. Die Luganesi gelten als heißblütig, und sie zeigen, dass das eine Zuschreibung ist, der sie gern und mit aller Entschlossenheit entsprechen.

Wenn die Sendung vorbei ist, sitze ich wieder im Zug und fahre nach Zürich zurück, der Spieltag dauert für mich von morgens um neun bis abends um neun, etwa zwölf Stunden. Morgens kann ich in Zürich mit meinen beiden Jungs noch frühstücken, der Tag hat einen Anfang und ein Ende, das ist nicht ungesund für einen Mann meines Alters.

Teleclub ist der Pay-TV-Sender in der Schweiz, und als ich nach meinem Vertragsende bei *Sky* das Angebot bekam, dort als Experte zu arbeiten, habe ich mich gefragt: Bist du in der Lage und willens, dich damit so zu beschäftigen, dass du deinen eigenen Ansprüchen noch genügst? Ich bin in der Schweiz kein Kommentator mehr, als Experte trete ich vor dem Spiel, in der Halbzeit und auch nach dem Spiel ins Bild und rede mit dem Moderator oder der Moderatorin über das, was wir gesehen haben oder noch erwarten dürfen. Die haben ein paar technische Tools, ich muss mit Zeichnungen taktische Dinge erklären.

Experte statt Kommentator – hätte ich das auch bei den Spielen der Bundesliga gemacht? Sie haben mich bei *Sky* in Deutschland nicht gefragt. Sie haben mich beim *Teleclub* in der Schweiz gefragt.

Ist das nicht so, als würde sich ein Zirkusdirektor zum Flohzirkusdirektor zurückstufen lassen? Die Leute fragen einen so etwas manchmal, aber es wäre eine Frechheit und klassisch deutsche Blasiertheit, den Fußball in der Schweiz als Flohzirkus zu verstehen. Im Übrigen weiß ich nicht, was Flohzirkusdirektoren anderswo verdienen, in meinen Fall ist der Job vernünftig dotiert, nicht nur finanziell. Neulich sieht mich der Präsident des FC Basel, er sagt: »Es ist uns eine Freude, dass sie den Schweizer Fußball begleiten.« Ganz offenbar ist es nicht so, dass Teile des Publikums in der Schweiz den Fernseher ankotzen wollen wie meine twitternden Freunde in Deutschland. Ich werde in der Schweiz nach meiner Meinung gefragt, die Leute hören sich an, was ich zu sagen habe. Ich lebe seit 1997 in Zürich, ich habe mir das Schwyzerdütsch ganz gut raufgeschafft in den Jahren, und was ich zu sagen habe, sage ich in Schwyzerdütsch und auch mal in Hochdeutsch. Die Fußballspieler spricht man anders an als das Publikum, ich bin imstande, von Schwyzerdütsch zu Hochdeutsch zu wechseln und umgekehrt. Das gefällt den Leuten am Bildschirm, ich bin sehr warm dort angenommen worden in der Schweiz.

Bestimmt ist das alles auch eine Möglichkeit, dem eigenen gefürchteten Bedeutungsverlust zu begegnen. Wer lange im Fernsehen war und sein Leben lang bei einem so großen und bewegenden Thema wie Fußball mitgequasselt hat, der fürchtet sich davor, dass der Punkt kommt, an dem niemand mehr was von einem wissen will. Hat das etwas mit Eitelkeit zu tun? Bestimmt. Aber es geht tiefer. Wenn niemand mehr etwas von einem wissen will, ist das ein Schritt hin zum Tod.

Ich bin dankbar, dass sie mich in der Schweiz über Fußball erzählen lassen und mit diesem Erzählen auch etwas anfangen können. Der Fußball ist eine große Erzählung, auch in der Schweiz. Die Themen ähneln sich, gerade hatten wir eine Diskussion darüber, ob der FC Basel vom Schiedsrichter automatisch bevorteilt wird, es gibt die Debatte auch in Deutschland, in anderer Besetzung, mit dem FC Bayern als FC Basel. Ich halte diese angebliche Bevorzugung für eine Verschwörungstheorie, die Bayern kriegen weniger Verwarnungen, weil sie dominant spielen, die dominantere Mannschaft muss sich weniger auf taktische Fouls verlassen.

Die Schweiz ist ein Land von acht Millionen Leuten, das U-17-Weltmeister geworden ist und seit 2004 bei fast allen Großturnieren dabei war. Die Portugiesen und Schweden und Norweger haben dann und dann mal ihre goldene Generation, die Schweizer sind beständiger, die haben sich irgendwann gesagt, wir dürfen nicht erwarten, dass die Talente auf den Bäumen wachsen. Wir müssen sie entdecken, ausbilden und dann auch spielen lassen in der Liga. Kein Talent darf uns durch die Lappen gehen. Da sind hervorragend ausgebildete Spieler, und es gibt exzellente Trainer aus der Schweiz, Hitzfeld früher, jetzt Siegenthaler, Martin Schmidt, Lucien Favre. Erzähl mir nichts vom Flohzirkus.

Die Fußballer in der Schweiz kämpfen für ihren Sport. Gegen die Macht des Wintersports, gegen das Eishockey. Und jeder Verein kämpft seinen eigenen Kampf.

In Zürich kämpfen sie darum, wieder die Größe zu kriegen, die sie hatten. In Basel kämpfen sie mit den Ansprüchen in der Champions League und denen in der Liga, wie das kongruent zu kriegen ist. Das sind ja komplett unterschiedliche Welten. Jede Woche fahren die Basler von einem Spiel, das sie nie gewinnen konnten, zu einem Spiel, das sie nie verlieren können. Und umgekehrt.

Oder du siehst Young Boys Bern gegen den FC Sion, das sind die Kronprinzen, und natürlich ist das dann auch ein Spiel, dem du die Energie anmerkst: wie zwei sich raufen und streiten und darum kämpfen, der Bessere zu sein, der wahrhaftige Herausforderer.

Natürlich kann ich in der Schweiz nicht erwarten, den FC Bayern zu sehen, aber da hilft mir immer ein Leitsatz, den ich inzwischen verinnerlicht habe. Ich werde eine Mannschaft immer nur nach ihren Möglichkeiten bewerten. Was sie aus ihren Möglichkeiten macht. Es hilft, dass ich unten am Platz stehe und nicht von oben draufgucke. Von unten aus wirkt alles näher, schneller, dynamischer als von oben. Von oben achtest du immer sehr darauf, ob die Ketten funktionieren, in der Champions League ist das der richtige Platz, aber es gibt Momente und es gibt Spiele, da tust du dich leichter, wenn du näher rangehst.

Die Mannschaften nach ihren Möglichkeiten bewerten. Wenn ich mich daran halte, tue ich etwas, um das es in vielen der Geschichten geht, die mir einfallen, wenn ich von Fußball erzähle. Ich erzähle davon, wie es ist, den Fußball ernst zu nehmen.

Als Fußballreporter hat man immer den Anspruch, mit der Kamera und dem Mikro dahin zu kommen, wo der Zuschauer normalerweise nicht hinkommt. In die Katakomben vor dem Spiel zum Beispiel, man will rechtzeitig unten sein, man will das Stollengeklapper hören, wenn die Gladiatoren sich auf den Weg machen, rauf auf das Feld. Wenn man den Leuten zeigen kann: Da unten sind wir mit der Kamera, und dann klappern die da vorbei, mit ihren Fußballschuhen auf dem Betonboden – super. Allerdings, heute klappert das nicht mehr so, früher hatten die noch 16er-Alustollen, das hat richtig geklappert. Das war das Geräusch, und das war der Geruch: Kampfer. Hat man sich früher draufgeschmiert, sollte die Muskeln auflockern, Massage vor dem Spiel gab es ja nicht. Die Beine wurden knallrot, die äußeren Hautschichten haben gebrannt wie Hölle. Das roch wie bei Oma im Schlafzimmer. Und dann musstest du noch schnell vor dem Spiel pinkeln, aber du hattest vergessen, dass da Kampfer an den Fingern ist. Und dann hast du angefasst. Und dann wurde es an der falschen Stelle richtig heiß. Und hörte nicht auf zu brennen. Und in der ersten Viertelstunde bist du gerannt wie ein Salamander.

Ich will nicht sagen, dass es in der Schweiz noch nach Kampfer riecht oder dass die Stollen lauter klappern. Aber da ist eine andere Wärme in der Liga. Fußball hat etwas Anfassbareres als in Deutschland. Bis du in der Bundesliga durch alle Sicherheitsschleusen durch bist, vergeht eine Ewigkeit. Bis dann »You Never Walk Alone« gespielt wird, bis unten am Platz 49 Menschen ihre Interviews machen, als wäre ein Weltmeisterschaftsfinale anhängig.

In der Schweiz kannst du hierhin gehen und dorthin gehen, und wenn vor dem Spiel ein Ball angehoppelt kommt, kannst du ihn zurückspielen auf das Feld der Ehre. Es riecht nach Rasen dort und ein bisschen auch nach früher. Nenn mich Romantiker. Ich werde nicht zu laut protestieren.

Ich hatte leise Bedenken, ob mir der Fußball in der Schweiz etwas geben könnte. Inzwischen weiß ich: Er gibt mir was zurück.

Das letzte Spiel

Wenn wir uns an große Spieler erinnern, erinnern wir uns immer auch an den Abschied von diesen großen Spielern. Das letzte Spiel. Maradona, weinend in der Bombonera. Iker Casillas, der kein Wort mehr rausbringt, bei seinem Abschied von Real Madrid. Luis Figo, sein letztes Spiel für Inter Mailand. Ein paar Minuten vor Schluss wird er ausgewechselt, damit er den Applaus des ganzen Stadions für sich hat, aber Figo ist ein innerlich runtergekühlter Mann. Er ergibt sich nicht der Situation, er nimmt stattdessen seine Kapitänsbinde vom Arm und läuft damit geschäftig über den Platz, um jemanden aus der Mannschaft zu finden, der bereit ist, sie zu übernehmen. Miroslav Klose: Zu seinem letzten Spiel hat sich eine Fangruppe eine Choreografie ausgedacht. Sie haben Momentaufnahmen all seiner Tore für Lazio auf kleine Transparente gedruckt, 54 Tore hat er geschossen, also recken sie 54 Transparente mit den Fotos des schießenden, jubelnden Klose über ihre Köpfe, und ein paar Reihen weiter unten, wie eine Bildunterschrift, spannen einige ein Laken, auf dem steht »DANKE MIRO!« Auf Deutsch.

Die Atmosphäre bei Abschiedsspielen hat sich mit den Jahren verändert, aus der Mode gekommen ist zum Beispiel, dass Fans oder Mitspieler jemanden auf den Schultern über den Platz tragen. Jemanden zu tragen, ist eine Demutsgeste, sie scheint aus der Zeit gefallen zu sein. Uwe Seeler wurde 1972 bei seinem Abschied vom HSV noch auf den Schultern durch das Volksparkstadion geschleppt, und es gibt ein berühmtes Bild von Hanne Sobek aus den frühen Dreißigern, der nach einem Endspiel getragen wurde, von Fans und Mitspielern von Hertha BSC, was heute sowieso unmöglich wäre, weil Fans und Fußballer schön voneinander getrennt werden müssen. Dafür sorgt der Sicherheitsdienst.

Die Emotionalität solcher Ereignisse hat sich verlagert, sie ist weniger körperlich als früher, weniger verschwitzt. Was heroisch war, ist persönlicher geworden. Anders gesagt: Nach dem Schweiß kamen die Tränen. Inzwischen steht der Kandidat vor dem Spiel auf dem Rasen, da sind Kameras, Mikrofone, er muss ein paar Worte sagen, aber in der Regel versagt ihm die Stimme, weil er weinen muss. Wir denken an Schweinsteiger bei seinem Abschied aus der Nationalmannschaft, wie er Mühe hat, nicht komplett davonzuschwimmen auf dem salzigen Meer, das seine Tränen für ihn angerichtet hatten. Faszinierend, wie erfahrene Pokerfaces, Weltstars, Ikonen sich in kleine Jungs zurückverwandeln, wenn sie gegen ihre Tränen kämpfen müssen. Sie wischen sich umständlich mit dem Ärmel übers Gesicht, ihre Stimme klingt verrotzt, es ist ein Kampf mit sich selbst, den sie vor aller Augen kämpfen. Bei Schweinsteiger war nicht klar, ob er sich überhaupt noch in einen Zustand würde bringen können, der es ihm erlaubt, in das verdammte Mikro zu sprechen. Die Situation schien zu groß für ihn, aber er riss sich zusammen, und man hätte schon einen Eisklumpen in der Brust haben müssen statt eines Herzens, um von diesem Abschied nicht im Innersten gerührt zu sein.

Um ein letztes Mal auf den großen Brasilianer Sócrates zurückzukommen, einen der legendären Spieler der jüngeren Zeit. Sócrates Brasileiro Sampaio de Souza Vieira de Oliveira. Kinderarzt nach der Karriere. Ein Linker, ein Denker, der bei den Corinthians São Paulo so eine Art basisdemokratische Bewegung angeführt hatte. Bei allem, was im Verein entschieden wurde, sollten die Spieler gehört werden. Mitsprache war auch mal eine Zukunftsperspektive des Fußballs. Hat sich inzwischen allerdings erledigt.

Sócrates ist 2011gestorben, mit 57. Er hatte jahrelang getrunken, und solche Extremmenschen machen ja alles extrem, und auch alles, was sie umgibt, ist extrem. Ihre Aura. Ihr Ruhm und Nachruhm. Die Zufälle ihres Lebens, sogar die Zufälle ihres Sterbens. Sócrates ist an einem Sonntag gestorben. Am Abend seines Todestages sind seine Corinthians Meister geworden.

Wenn ein Fußballkommentator zu seinem letzten Spiel aufbricht, wird das Ganze ein paar Regalbretter tiefer einsortiert, aber ich müsste lügen, wenn ich behauptete, mein letztes Spiel als Kommentator wäre ein Spiel wie jedes andere gewesen. Und lügen will ich nicht. Mein letztes Spiel als Kommentator: das Champions-League-Finale 2016, Real gegen Atlético, live und in Farbe aus dem San-Siro-Stadion im wunderbaren Milano, wo vor Jahrzehnten alles angefangen hatte – in der Fressabteilung bei Feinkost *Peck,* mit Schweinsfüßchen con crauti.

Was habe ich gemacht vor meinem letzten Spiel? Mich vorbereitet, meine Zettelchen geschrieben, im Internet gesucht, herumgelesen. Es kann immer sein, dass was passiert und man Zeit überbrücken muss. Wenn in der Champions League einmal ein Tor vor deinen Augen zusammengebrochen ist, rechnest du mit allem. Ein Spiel von Arsenal 2002 ist mir eine zusätzliche Lehre gewesen. Ich hatte mich am Tag vor dem Flug nach London in eine Art Vorbereitungsrausch reingesteigert, ich wollte wissen, warum man Arsenal eigentlich »The Gunners« nennt. Das Internet war damals noch nicht so ergiebig wie heute, man musste zusätzlich in richtigen Büchern nachschlagen, es dauerte ewig, aber ich wollte es wissen. The Gunners? Es gibt Fragen, die lassen einem keine Ruhe.

Ich schrieb nach dieser Intensivrecherche auf meine Moderationskärtchen: Arsenal London, gegründet 1886 von sechs Arbeitern der Royal-Arsenal-Munitions- und Waffenfabrik in Südlondon. Waffenfabrik. Deshalb Gunners. Ein schottischer Spieler kaufte seiner neuen Mannschaft den ersten Ball. Ich notierte, dass es mal drei Kanonen auf dem Vereinswappen gegeben hatte, dummerweise waren die drei Kanonen aber immer mit Schornsteinen verwechselt worden, man musste das Design ändern. Ich notierte, dass die nunmehr einzig verbliebene Kanone im Wappen mal nach links und mal nach rechts gezeigt hatte. Mittlerweile finden die Zuschauer dieses Zeug bei *Wikipedia,* damals war das alles noch nicht so weit entwickelt, man konnte den Leuten etwas erzählen. Und sie ließen sich auch etwas erzählen.

Um es abzukürzen: Am nächsten Tag bei Arsenal im Stadion, Bombenalarm, Anpfiff verzögert sich. Ich muss live reden und Zeit überbrücken, und ich rede von den Arbeitern der Royal-Arsenal-Munitions- und Waffenfabrik, ich rede von nach links oder nach rechts zeigenden Kanonen, ich rede von einem Schotten, der den ersten Ball gekauft hat. Ich rede so lange, bis die Mannschaften endlich aufs Feld laufen, und als ich nichts mehr zu reden habe, bläst der Schiedsrichter auch schon in sein Pfeifchen. Alles gut gegangen.

Zurück nach Mailand, Mai 2016, mein letztes Spiel, ich bin auf alles vorbereitet. Habe die Notizzettel dabei und vor allem meine Familie: Frau, drei Söhne, Schwiegertochter. Nach dem Spiel werden wir ins Ristorante *Paper Moon* gehen, wie nach jedem Spiel in Mailand.

Seit 30 Jahren gehe ich da hin. Es wird wie immer eine Margherita geben, klein geschnitten, als Vorspeise für alle, und danach wie immer für mich Bœuf Robespierre, mit grünem Pfeffer und Rosmarino. Und an der Kasse wird wie immer die Mamma sitzen, und der Kellner wird fragen: »Wie war das Spiel?«, weil er das immer fragt. Man braucht Rituale, sonst kommt man nicht durch so einen Tag.

Der Tisch im *Paper Moon* ist für den Abend reserviert. Ich bin auf alles vorbereitet.

Bevor das Spiel losgeht, rennt uns am Stadioneingang noch einer über den Weg, der große Giancarlo Antognoni. Ich habe meine Leute im Schlepptau, auch ein paar Journalisten, und ich frage: »Seht ihr, wer das ist?« Keiner erkennt diesen Giancarlo Antognoni, aber womöglich ist das auch nur absichtsvoll hingestreute Ignoranz, denn so federe ich meinem Kommentatorplätzchen entgegen, mit dem beruhigenden Gefühl, mich doch noch immer etwas besser auszukennen als die anderen. Das ist die eine Lehre aus der flüchtigen Begegnung mit Antognoni.

Die andere: Als dieser Antognoni seine letzte Saison für Florenz spielte, 1987, machte ich meine ersten Geschichten fürs *ZDF* aus Italien. Du zählst an den Fingern die Jahrzehnte ab, '87, '97, '07, '17, du siehst Antognoni noch in der Gestalt seiner jungen Jahre vor dir, im lila Fiorentina-Trikot. Du denkst: So lange her, aber fühlt sich an wie letzte Woche. Du denkst – und es ist der Gedanke, der wie ein Schatten hinter jedem Abschied steht –: Gestern war ich doch noch jung.

Mein letztes Spiel, noch mal das Headseat auf, noch mal das ganze Technikgeklimper kontrollieren, dann kommen die Spieler, die Hymnen. Finals sind feierliche Momente, und du merkst bei Finals, wer du bist. Als Kommentator bist du eine Figur im Beiprogramm, das da unten auf dem Platz sind die Stars. Das ist dein letztes Spiel, aber dem Stadion ist es absolut wurscht, dass es dein letztes Spiel ist. In der Kurve keine Fans, die deine 54 besten Zitate auf kleinen Postern über dem Kopf schwenken.

Ich habe mir vorgenommen, es würdevoll und beiläufig über die Bühne zu bringen, und was ich dann beim letzten Spiel erzählt habe, haben die Zeitungen zusammengefasst, so konnte ich es später sogar nachlesen. Ich habe, ausweislich dieser Mitschriften, gesagt: »Die einen spielen wie die Clowns. Bei allem Respekt, ein toller Zirkus muss tolle Clowns haben.« Ich habe gesagt: »Wenn Ronaldo was aus dem Hut zaubert, dann kein Kaninchen, sondern einen ausgewachsenen 16-Ender-Hirsch.« Okay, da war ich im Rückblick vielleicht ein wenig zu zirzensisch gepolt. Ich habe gesagt: »Das riecht hier nach Atlético.« Bekanntes Motiv: Ich habe immer gern versucht, Handlung in Gerüche zu übersetzen.

Beim Elfmeterschießen habe ich dann gesagt: »Ein irres Phänomen erlebt er gerade. Je näher er zum Tor kommt, desto kleiner wird das Tor. Und desto größer der Torwart.« Also, ich habe mein eigenes Erleben als Kicker eingebracht. In der Hoffnung, dass der Zuschauer sich dann alles noch besser vorstellen kann.

Als es vorbei war, habe ich in die Kamera gesagt: »Ach ja – und tschüss«, und dann habe ich sehr tief durchatmen müssen. Der Weg nach unten ist lang im San Siro. Die Treppen sind mit dickem Teppich ausgelegt.

Das letzte Spiel ist wie der letzte Tag in der Fabrik oder in der Kanzlei oder im Büro. Er soll etwas Besonderes sein, aber auch etwas Normales. Es soll sich erhaben anfühlen, aber gleichzeitig auch so, als ändere sich nichts. Dabei ändert sich gerade alles. Du lebst und empfindest in einem Zwiespalt, deshalb ist der letzte Tag immer ein aufreibender Tag. Er macht dich fertig.

Im Stadion habe ich Jan Åge Fjørtoft getroffen, Norweger, ehemaliger Profi bei Eintracht Frankfurt und sowieso ein hinreißender Kerl. Fußballklug, sehr originell. Er war lange Experte bei *Sky,* und zwischen uns hatte sich ein Ritual entwickelt. Wenn wir uns getroffen haben, haben wir dieses berühmte Zitat von Kenneth Wolstenholme vorgekramt, *BBC*-Reporter. Aus dem WM-Finale 1966, England gegen Deutschland, es steht 3:2, das Spiel läuft noch, da rennen schon ein paar Fans auf den Platz. »They think it's all over«, sagt Wolstenholme, und in genau dem Moment schießt Geoff Hurst den Ball ins Tor. 4:2. Und Wolstenholme: »It is now.«

Das war unser Gruß, über Jahre. Einer sagt: »They

think it's all over.« Und der andere: »It is now.« Das passt auf viele Situationen.

Ich begegne also Fjørtoft, wir sehen uns an. Mir steht das Wasser eh schon sonst wo, als er sagt: »They think it's all over.« Und ich: »It is now.«

Mein letztes Spiel. Ich bin danach mit meiner Familie ins *Paper Moon* gegangen. Wie immer in Mailand. Die Mamma an der Kasse, die Margherita auf dem Tisch, klein geschnitten. Der Kellner kommt: »Wie war das Spiel?«

Meine Familie hat sich gewünscht, dass ich anfange zu heulen. Oder dass alle heulen. Und dann hebt einer das Glas und sagt: »Auf dich, Papa!«

Was willst du da machen?

*»Unter den Arschgeigen
bist du die Stradivari.«*

(Fanpost)